MEITILINGDAOLI

微时代·领导力提升丛书

媒体领导力

领导干部如何与媒体打交道

洪向华 ◎主编

国家行政学院出版社

图书在版编目（CIP）数据

媒体领导力：领导干部如何与媒体打交道／洪向华主编．—北京：国家行政学院出版社，2013.11（2016.3重印）

ISBN 978-7-5150-1005-2

Ⅰ．①媒…　Ⅱ．①洪…　Ⅲ．①领导人员—媒体—素质教育　Ⅳ．①G206.2

中国版本图书馆CIP数据核字（2013）第268212号

书　　名	媒体领导力：领导干部如何与媒体打交道
主　　编	洪向华
责任编辑	李少军
出版发行	国家行政学院出版社 （北京市海淀区长春桥路6号　100089）
电　　话	（010）68920640　68929037
编 辑 部	（010）68928873
经　　销	新华书店
印　　刷	北京振兴源印务有限公司
版　　次	2013年11月北京第1版
印　　次	2016年3月北京第2次印刷
开　　本	787毫米×1092毫米　1/16
印　　张	16
字　　数	210千字
书　　号	ISBN 978-7-5150-1005-2
定　　价	36.00元

序

领导干部要提高同媒体打交道的能力

2009年3月1日，习近平同志在中央党校春季学期开学典礼上强调，各级领导干部要提高同媒体打交道的能力，尊重新闻舆论的传播规律，正确引导社会舆论，要与媒体保持密切联系，自觉接受舆论监督。这是时代的要求，也是新形势下领导干部加强执政能力建设的重要内容。

随着现代信息技术的飞速发展和社会主义民主政治建设的不断进步，重视媒体的作用、运用好媒体的力量，已经成为摆在各级领导干部面前的重要课题。

2013年8月19日，习近平同志在全国宣传思想工作会议上指出，经济建设是党的中心工作，意识形态工作是党的一项极端重要的工作。能否做好意识形态工作，事关党的前途命运，事关国家长治久安，事关民族凝聚力和向心力。他强调，要“坚持团结稳定鼓劲、正面宣传为主”，“弘扬主旋律，传播正能量”。坚持团结稳定鼓劲、正面宣传为主，是宣传思想工作必须遵循的重要方针。在事关大是大非和政治原则问题上，必须增强主动性、掌握主动权、打好主动仗。宣传思想工作创新，重点要抓好理念创新、手段创新、基层工作创新，把创新的中心放在基层一线。这对领导干部处理好同媒体的关系提出了更高的要求。

领导干部要提高同媒体打交道的能力，必须提高自身的媒体素养，即要做到善待媒体、善用媒体、善管媒体。善待媒体，就是正确认识媒体的地位、性质和功能，积极支持媒体全面履行职责，尊重媒体的创造性劳动，为媒体正常的采访报道创造有利条件，与媒体建立良性互动、合作共赢的关系；善用媒体，就是善于运用媒体来宣传党的主张、弘扬社会正气、通达社情民意、引导社会热点、疏导公众情绪、搞好舆论监督，通过媒体增强公共政策讨论、制定、执行过程中的透明度和公开度，促进工作效率和效能的提高；善管媒体，就是善于协助主管部门对媒体进行依法监管、科学监管、有效监管，规范媒体行为，促使媒体坚持正确导向。

当今社会，随着经济社会快速发展和科技不断进步，信息的传递和获取越来越快捷，媒体的作用越来越突出。做好与媒体打交道工作，关系党和国家工作全局，关系改革和经济社会发展大局，关系国家长治久安。新形势下，各级领导干部要做好与媒体打交道的工作，做到善待媒体、善用媒体、善管媒体，一定要高举旗帜，把围绕中心、服务大局作为基本职责，胸怀大局、把握大势、着眼大事，找准工作切入点和着力点，做到因势而谋、应势而动、顺势而为。此外，各级领导干部还要牢牢把握正确舆论导向，把体现党的主张与反映人民心声统一起来，凝聚促进改革发展、维护社会稳定的正能量。

一是要尊重新闻舆论的传播规律。领导干部要认真研究新闻传播的现状和趋势；深入研究各类受众群体的心理特点和接受习惯；加强舆情分析，主动设置议题，善于因势利导；要完善新闻发布制度，健全突发公共事件新闻报道机制；第一时间发布权威信息，提高时效性，增加透明度，牢牢掌握新闻宣传工作的主动权。

二是要正确引导社会舆论。现代社会，新闻舆论的社会影响力越来越大。任何一个执政党要想巩固自己的执政地位，都必须把新闻舆论牢牢地抓在自己手上。能不能有效地引导社会舆论，关系人心向背，关系事业兴衰，关系国家的长治久安。善于做好舆论引导工作，是党的执政能力建设的重要内容，是对我们党执政能力和领导水平的一个重要考验，也是促进社会和谐稳定的必然要求。

三是要与媒体保持密切联系。与媒体沟通的能力是执政能力的一种表现。提高与媒体打交道的素质能力是培养较高的政治素质和过硬的业务素质的体现。领导干部善于与媒体打交道，不仅可以为自己在公众中树立良好的形象，而且是尊重媒体、尊重公众的重要体现。领导干部要善待媒体，善用媒体，善于将媒体监督作为一种改进工作的手段。

四是要自觉接受舆论监督。舆论监督是社会的“减震器”、“解压阀”、是新闻工作的职责、人民的愿望，也是党和政府改进工作的手段。舆论监督是中国特色社会主义监督体系的重要组成部分，是一种宝贵的资源。能不能自觉接受舆论监督，是对领导干部是否出于公心、从善入流的检验。领导干部要树立正确的舆论监督观，积极支持舆论监督，自觉接受舆论监督，并在此基础上推进社会民主、健全社会主义法制和维护人民群众的根本利益。

五是要善于运用网络媒体。互联网被称为“第四媒体”，发挥着越来越重要的作用。加强网络文化建设和管理，充分发挥互联网在我国社会主义文化建设中的重要作用，有利于提高全民族的思想道德素质和科学文化素质，有利于扩大宣传思想工作的阵地，有利于扩大社会主义精神文明的辐射力和感染力，有利于增强我国的软实力。领导干部必须以积极的态度、创新的精神，大力发展和传播健康向上的网络文化，切实把互联网建设好、利用好、管理好。

六是要积极应对网络媒体。随着互联网的普及，网络舆论的影响将超越任何一种传统媒体，网络媒体也成为左右社会舆论的主要媒体。在网络时代，领导干部要学会开始网络生活，亲身融入到网络中去。面对网络，各级领导干部要调整好自己的心态，因为网络是一个虚拟社会，没有上下级之分，只有平等地参与网络互动，才能更好地和网友交流，听到网友的真话和实话。

总之，在今天这个媒体新时代，面对汹涌而来的新媒体浪潮提出的新考验和新挑战，各级领导干部应从被动应付走向积极应对，发挥好媒体的桥梁纽带作用，构建党和政府、媒体、群众三者良性互动新格局。

目录

CONTENTS

第一章

迈进媒体新时代

互联网特别是移动互联网的高速发展，将传播环境带入一个全新的时代。新媒体在人们生活中的作用越来越重要且不可替代，不断改变着人们的生活。无论是在新闻传播或是在政务处理中，新媒体都发挥着传统媒体不可取代的作用。如今，相对于传统媒体，新媒体“家族”可谓众星云集。面对媒体新格局带来的新挑战，领导干部必须深刻认识媒体在执政过程中的重要作用，适应媒体新时代的要求，提高自身媒体素养，增强善解、善待、善用媒体的意识和能力，逐步提高“新闻执政”能力和水平。

一、众星云集的媒体“家族”

媒体，亦称媒介、传播媒体、大众传媒，是指传播信息资讯的载体，即信息传播过程中从传播者到接受者之间携带和传递信息的一切形式的平台或介质。一般而言，媒体包括传统媒体和新媒体。

传统媒体是相对于近几年兴起的网络等新媒体而言的，以传统的大众传播方式即通过某种物理媒介定期向社会公众发布信息或提供教育娱乐的交流活动的媒体，包括电视、报刊、广播三种。

互联网特别是移动互联网的高速发展，将传播环境带入一个全新的时代。相对于传统意义上的平面媒体和电波媒体，新媒体在信息传播上体现出前所未有的能量。新媒体是指基于信息网络技术运行、能够传载各种信息的传播媒介，包括博客、播客、维客、搜索引擎、电子邮箱、网站、网络杂志、网络报纸、移动多媒体（手机短信、手机彩信、手机微信、手机游戏、手机电视、手机电台、手机报纸等）、数字电视、直播卫星电视、移动电视、网络电视、电线上网、楼宇视屏（各种大屏幕）、网上即时通讯群组、虚拟社区、贴吧等。随着高科技的发展，还会有更新的形式出现。在新媒体中，以“人人都有麦克风、每部手机都是‘新闻台’”为特色的微博和微信等媒体家族新成员独树一帜，其信息传播的速度之快、范围之广、影响之大都是史无前例的。

互联网时代是知识爆炸的时代，更是科技迅猛发展的时代。与以新发明和新科技的应用为开始的工业革命一样，媒体业的革命同样是伴随着新的科技、新的技术的出现和应用，才发生重大的变革。简单回顾一下就会发现，造纸术、彩色印刷技术、商业轮转机、广播、电视、计算机、互联网等的发明和出现，每次都推动了媒体向前发展，加快了媒体革命的步伐。可见，新媒体是一个不断演进的概念，是一个技术不断革新的过程，可以说每一次技术革命，都会出现一种新的媒体形态。网络时代的新媒体，其技术形态也在不断演进着，各种新媒体形态层出不穷。如今，相对于传统媒体，新媒体“家族”可谓众星云集。

其一，手机媒体。作为最具潜力的一种媒体资源，手机媒体在3G及至4G时代备受关注。移动互联网的快速发展，促进手机不断创新，现在的手机不仅仅是简单的信息传递工具（如打电话、发短信），更具有多元化的功能。手机功能范围已扩大到娱乐、阅读、购物等多种功能。人们不但可以用手机实现通讯目的，还可以用它观看电视节目、浏览网页信息、阅读手机读物、在线购物支付等，手机正在悄悄地改变着人们的生活。信息技术的发展，使手机具有了媒体的特性，手机媒体时代已经悄然而至。

截至2013年6月底，我国网民人数已经达到5.91亿，手机网民规模达4.64亿，随着网络与技术的快速发展，预计未来几年，互联网门户、手机报、手机杂志、手机社会网络、手机微博、微信、手机阅读和二维码等，将会在发展规模与影响力上成为中国的“第一媒体”。

资料链接

手机媒体成为多功能化的“个人中枢”

手机在实现了与报刊、电视、广播、出版等传统媒体的交融与竞合后，如今的手机媒体则更多地与我们日常生活的各方面开始二次融合。移动通信技术由2G到3G进而4G快速演变，为手机终端提供了更快的上网速度和更宽广的数据容量，可以说是建造了一条无处不在的移动信息高速公路。有了这条高速路，各种各样的手机媒体应用畅通无阻，手机媒体也得以与社会日常生活的各方面融合，并进而在手机上自由搭配出不同的手机媒体形态：与上网搜索搭配就变成移动互联网；与阅读搭配就变成了手机出版；与娱乐消遣搭配就成了手机游乐场；与 GPS 地图搭配就变成了手机位置服务；与金融购物搭配又变成了手机支付工具。今天，手机媒体已经名副其实地成为了个人信息处理的中枢。

其二，数字电视。“数字电视”的含义并不是指我们一般人家中的电视机，而是指电视信号的处理、传输、发射和接收过程中使用数字信号的电视系统或电视设备。其具体传输过程是由电视台送出的图像及声音信号，经数字压缩和数字调制后，形成数字电视信号，经过卫星、地面无线广播或有线电缆等方式传送，由数字电视接收后，通过数字解调和数字视音频解码处理还原出原来的图像及伴音。因为全过程均采用数字技术处理，因此，信号损失小，接收效果好。

其三，互联网新媒体。互联网新媒体主要包括：网络电视、播客、网络视频、电子杂志、博客、微博等。

网络电视是以宽带网络为载体，通过电视服务器将传统的卫星电视节目经重新编码成流媒体的形式，经网络传输给用户收看的一种视讯服务。网络电视具有互动个性化、节目丰富多样、收视方便快捷等特点。它的功能主要包括：（1）点播功能，即用户可以在任何时候点播收看节目库中喜欢的节目内容；（2）广播时移功能，即广播时，用户可以实现“暂停”、“再继续”等播放功能；（3）双向互动功能，用户可以参与感兴趣节目的互动讨论，可以主动选择节目。网络电视能够很好地适应当今网络飞速发展的趋势，充分有效地利用网络资源。与传统的模拟式有线电视、经典的数字电视不同，网络电视采用的播放平台是新一代家庭数字媒体终端的典型代表，它能根据用户的选择配置多种多媒体服务功能，包括数字电视节目、可视 IP 电话、DVD/VCD 播放、互联网浏览、电子邮件，以及多种在线信息咨询、娱乐、教育、商务等功能。

播客是数字广播技术的一种。在播客上，用户可以将自己制作的音视频节目上传到网上与广大网友分享。在论坛或者博客上，我们可以随意发表自己的言论，但一般只能用文字来表达。而在播客上，我们既可以自由上传自己制作的音频或视频文件，拥有自己的“电台”或“电视台”，也可以直接下载自己喜欢的特定节目，随时随地欣赏。

网络视频泛指将一系列的静态影像以电信号方式加以捕捉、记录、处理、储存、传送与重现的各种技术，也指新兴的交流、沟通工具，是基于互联网的一种设备及软件，用户可通过视频看到对方的仪容、听到对方的声音，是可视电话的雏形。视频技术最早是为了电视系统而发展，现在已经发展为各种不同的格式以利于用户将视频记录下来。网络技术的发达也促使视频的记录片段以串流媒体的形式存在于因特网之上并可被电脑接收与播放。

电子杂志一般是指用 Flash 的方式将音频、视频、图片、文字及动画等集成展示的一种新媒体，因其展示形式有如传统杂志，具有翻页效果，故名电子杂志。一般一本电子杂志的体积都较大，小则几兆，多则几十兆上百兆，因此，一般电子杂志网站都提供客户端订阅器，供杂志的下载与订阅，而订阅器多采用流行的 P2P 技术，以提高下载速度。电子杂志是 Web2.0 的代表性应用之一。它具有发行方便、发行量大、分众等特点。现在网上流行的电子杂志，很多都可以和印刷精美的传统纸版杂志相媲美。

“博客”这个词，最早起源于中国，最初的含义是指突发性大事件。后来这个词的意义被进一步引申，代指“值得一看的东西”、“令人震惊的事件”或“富有新闻价值的言论”。如今，博客通常被称为“网络日志”，是指在网络上以日记的形式发布的流水记录。它主要有三大功能，即个人自由表达和出版、知识过滤与积累、深度交流沟通的网络新方式。近年来，我国博客数量大幅度增加，博客开始从精英向所有网民和非网民普及，已经逐渐成为我国网民发表言论、表达意见、释放情绪的便利通道。

微博是由博客衍生出来的一个变体，是一个基于用户关系构成的信息获取、分享、沟通及传播的平台，用户可以通过互联网和移动互联网组建个人关系群，还可以通过智能手机、即时通讯软件、网页等方式发布文本、图片和音视频等信息。微博提供了用户平等交流平台，在该平台上，任何用户都具有发布者与传播者的双重身份。任何人都可以在微博上发布、传播与评论信息。微博仅以140字左右的文字量，就可以实现信息的即时分享与实时滚动更新，是进行自我表达、传播思想、吸引关注、与人交流的最快最方便的网络传播平台。截至2013年6月底，我国微博网民规模为3.31亿，是世界微博人数第一大国。

资料链接

微博的产生与发展

2006年3月，博客技术先驱blogger创始人埃文·威廉姆斯（Evan Williams）创建的新兴公司Obvious推出了大微博服务。在最初阶段，这项服务只是用于向好友的手机发送文本信息。Twitter英文原意为小鸟的叽叽喳喳声，用户能用如发手机短信的数百种工具更新信息。Twitter的出现把世人的眼光引入了一个叫微博的小小世界里。Twitter是一个社交网络及微博客服务。用户可以经由SMS、即时通信、电邮、Twitter网站或Twitter客户端软件（如Twitterrific）输入最多140字的文字更新，Twitter被Alexa网页流量统计评定为最受欢迎的50个网络应用之一。

2007年，我国第一家带有微博色彩的饭否网开张，到2009年，“微博”这个全新的名词，以摧枯拉朽的姿态扫荡世界，打败奥巴马、甲流、金融危机等热门名词，成为全世界最流行的词汇。伴随而来的，是一场微博世界人气的争夺战。

2010年国内微博迎来春天，微博像雨后春笋般崛起。四大门户网站均开设微博。目前，用户可以通过网页、wap网、手机短信/彩信、手机客户端(包括Nokia S60系统、iPhone iOS系统、谷歌Android系统、Windows Phone系统等)、Swisen、MSN绑定等多种方式随时更新自己的微博。

在新形势下，政务微博的发展也很迅猛。国家行政学院电子政务研究中心2013年3月27日发布的《2012年中国政务微博客评估报告》数据显示：截至2012年12月20日，新浪网、腾讯网、人民网、新华网等四家主要微博网站共有政务微博客账号176714个，较2011年新增了126153个，增长率为249.51%。

其四，户外新媒体。户外新媒体是有别于传统的户外媒体形式（广告牌、灯箱、车体等）的新型户外媒体。户外新媒体以液晶电视为载体，如楼宇电视、公交电视、地铁电视、列车电视、航空电视、大型LED屏等，主要是新材料、新技术、新媒体、新设备的应用，或与传统的户外媒体形式的相结合，使得传统的户外媒体形式有质的提升。与传统户外媒体相比，其明显优势在于：将原来一维的平面、画面展示，拓展为有图像、有声音和情节故事的全方位、立体式的信息传播；由原来的一个版面容纳一个客户，提升为几乎无限的客户容量；由原来的被动传播信息改为以声、光、情节主动地吸引受众目光；将原来单一的广告功能拓展为可以传达包括广告、影片、新闻等综合信息的载体。

新媒体是相对的概念，所谓“新”，是与“旧”相对而言的。当无线电波跨过大洋彼岸的时候，对于那些习惯了报纸“号外”的人来讲，广播是一种新媒体；当通过无线电传递活动图像技术成为现实时，电视对于人们来讲是一种新媒体；当数字信息网络技术将整个世界拉近、“熨”平时，互联网成为了传播信息的新媒体；当移动互联网的发展使得网络的接通无处不在时，手机当之无愧地成为了新媒体。可见，随着时代和科技的发展，传统媒体与新媒体将越来越融合。

二、新媒体已成为重要的媒体平台

随着互联网等新技术的高速发展，我们已进入一个全新的时代——新媒体时代。相对于传统媒体，以互联网、手机等为代表的新媒体逐渐开启并引领信息传播新格局。

在这个时代，新事物层出不穷，微博、微信等便是其中极具影响力的代表。随着互联网特别是移动互联网的快速发展，新媒体在人们生活中的作用越来越重要且不可替代，不断改变着人们的生活。无论是在新闻传播或是在政务处理中，新媒体都发挥着传统媒体不可取代的作用。

作为具有时代创新标志性意义的传播载体，新媒体以数字信息技术为基础，以互动传播为特点，具有鲜明的开放隐匿性、即时互动性、集成聚合性，对舆论生成演变、思想政治生态，对党的执政能力建设乃至经济社会发展产生着全方位、革命性的深刻影响。

资料链接

深圳“飙车案”引发的舆情风波

2012 年 5 月 26 日凌晨，深圳滨海大道上一辆跑车超速行驶时连撞两辆出租车，导致 3 人死亡 4 人受伤。肇事司机在逃逸 7 小时后自首，却被质疑是替人顶包。面对网上汹涌的舆情，深圳交警经过调查后召开第一次新闻发布会，基本判定肇事司机不存在顶包。但这一结果却引发了新的质疑浪潮，一些媒体和网民认为，肇事司机作为一个打工的不可能开得起价值百万的跑车，这一案件很有可能是跑车车主也就是警方认定的肇事司机的老板许楚辉让其下属顶包。此外，警方公布的监控视频中肇事司机头顶上出现“光圈”被疑为造假，还有媒体和网民质疑警方为何未公布 DNA 比对结果。针对媒体和网民的质疑，深圳警方在进行大量现场调查取证工作的同时，又在随后的两天时间里连续召开了两次新闻发布会，针对媒体和网民提出的多项质疑逐一进行了解释，并公布了警方收集的大量证据和调查结果，同时借助微博平台开展微访谈，与网友直接进行交流。通过“追问—释疑—再追问—再解释”的互动过程，使笼罩在这起车祸案件上的疑云逐渐散去。

以互联网、手机等为代表的新媒体与传统媒体相比较，呈现出五大特征：

一是互联性。随着因特网技术的发展和全球通信卫星网的建立，全球信息网络联为一体。依托于网络的新媒体信息传播，打破了国家地理空间的限制，使人们生产生活方式和文化观念等方面的全球化趋势越发明显。

二是开放性。基于网络的开放和网络技术源代码的开放，互联网等新媒体逐步成为开放的不断自我维持、自我生长、自我壮大的生态系统。在开放的信息网络世界，信息自由生产和自由流动，创新层出不穷。

三是虚拟性。在信息网络上，身份的虚拟，实现了人类社会有史以来最大限度的言论自由，人们更加自由地表达自我的思想意识、价值取向和道德观念。

四是交互性。在信息网络传播中，受众与传播者或者受众与受众之间在很大程度上可以直接进行双向和多向的交流。网络社群的交互性，可以像原子核裂变一样，触动人们情绪放大和不同思想观念的倍增涌现。

五是渗透性。信息网络广泛应用于社会生产的不同产业、部门和政治、经济、社会、文化等诸多领域，相互渗透使边界越来越模糊。

新媒体既拥有人际媒体和大众媒体的优点：完全个性化的信息可以同时送达不同的人；每个参与者，不论是出版者、传播者，还是消费者，对内容拥有对等的和相互的控制。同时，它又免除了人际媒体和大众媒体的缺点：当传播者想向每个接受者个性化地交流独特的信息时，不再受一次只能针对一人的限制；当传播者想向大众同时交流时，不再不能针对每个接受者提供个性化内容。同时，新媒体完全依赖于技术，不是人类先天自然拥有的技能。没有数字化等技术，新媒体是完全不可能产生和存在的。

在新媒体时代，信息传播将逐渐呈现“爆炸”之势，传播特点也发生着改变，集中表现为：

第一，信息传播内容海量化。与传统媒体相比，新媒体在传播内容方面更加丰富，著名互联网研究机构 Nemertes 语出惊人：“信息增长使互联网容量趋于饱和。”的确，据统计，现在每年新产生的信息量，用现在4G 容量大的 DVD 来存放，把它们一张张地叠在一起，足足可以绕地球一圈多。此外，文字、图像、声音等多媒体化成为一种趋势。

第二，信息流动双向化。传统媒体的信息流动是单向、线性、不可选择的。它集中表现为在特定的时间内由信息发布者向受众传播信息，受众被动地接受，没有信息的反馈。这种静态的传播方式使得信息不具流动性。而新媒体的传播方式是双向的，传统的发布者和受众现在都成为了信息的发布者，而且可以进行互动。信息的发布者和受众的主动性和积极性都被空前地调动起来。

第三，信息传播方式多元化。博客、播客、微博等多种新的传播方式，使得每一个人都成为信息的发布者，有个性地表达自己的观点，传播自己关注的信息。传播内容与传播形式等完全是“我的地盘我做主”。个性化的传播方式一方面让众人体会着发布信息、影响他人的快感，同时也可能带来个人隐私泛滥、内容良莠不齐的弊端，为管理带来困难，也为受众的信息选择能力提出了更高的要求。

第四，信息接收方式移动化。无线移动技术的发展使得新媒体具备移动性的特点，在 3G 时代，用手机上网、看电视、看电影、听广播、听音乐、玩游戏、购物等已经成为潮流。随着 4G 时代的到来，以手机为代表的新媒体的影响将更加广泛，移动性的特点也成为新媒体的主要特性。

资料链接

4G 来了!

2013 年 12 月 4 日，工信部向中国移动、中国电信和中国联通颁发了“LTE/ 第四代数字蜂窝移动通信业务（TD—LTE）”经营许可。这标志着“4G 时代”即将到来。

4G 是第四代移动通信及其技术的简称，是集 3G 与 WLAN 于一体并能够传输高质量视频图像以及图像传输质量与高清电视不相上下的技术产品。因其网络传输速度可达 3G 的 10 倍，而使很多依赖大流量、高速率的网络应用成为可能。

4G 最大的数据传输速率超过 100Mbit/s，是移动电话数据传输速率的 1 万倍，也是 3G 移动电话速率的 50 倍。2G 时代，我们通过手机打电话和发短信，并尝试一些低速移动上网服务。3G 时代网络速度有了提升，也带动了智能手机的兴起。如今 4G 来临，对网络速度要求更高、体验更好的应用会成为用户新宠。4G 时代的应用主要包括：高清视频、实时视频传播、云端游戏、多方视频通话、云应用、高速网络带来更多可能……

关于 4G 到底是什么，网上还有个形象的比喻：2G、3G 和 4G 的区别，就是绿皮车、特快和动车的区别；如果这个比喻还不够生动的话，你还可以这样理解：2G 时代看“txt”、3G 时代看“jpg”、4G 时代看“avi”……

第五，信息传播速度实时化。技术的发展使得新媒体可以实现实时传播，不再需要复杂的剪辑和繁琐的后期制作与排版，技术的简单便捷使得信息可以在全球实现实时传播。这一优势是任何传统媒体无法比拟的。目前一些大的门户网站基本上都可以实现声音和视频音频的实时传播，时空的距离被缩至最小。

第六，信息传播效果立体化。当前，信息网络高度发达，信息传播极为迅速。这利于更多的人参与进来，潜在的信息生产者、传播者和接受者也越来越多，信息传播更加面向大众，传播内容的形式更加丰富，效果更加立体化。现在很多媒体特别是网络媒体的信息传播，无国界、不受时间限制、不受空间约束，图、文、声、光、影等形式综合呈现，具有直观性、通俗性、大众化的特点，对受众具有天然的亲和力、吸引力和感染力。

第七，信息传播载体功能合成化。比如说，一部手机不仅仅可以用来通话、发短信，同时还可以用来听广播、看电视、上网、购物等，多种媒体的功能集为一体，而这些功能的实现是以互联网、通信网、广播电视网等多种网络的融合为基础的。

第八，信息传递全球化。全球传播指任何网上信息都是全球性散布和全球性接收的。这使得对网络传播机构表现的评判和对信息内容的解读，都有可能成为全球性的行为。“地球村”将被演绎得更加淋漓尽致。

近年来，新媒体产业发展迅速，网络新媒体、数字新媒体、移动新媒体、娱乐新媒体已经形成一定的产业规模。创新不断的新媒体技术与形态，创造着新媒体一个又一个奇迹和惊喜。综合观之，我国新媒体发展呈现四大趋势：

一是在传播影响力方面，新媒体日益成为民意表达的主渠道，信息扩散速度之快、冲击力之强、影响范围之广远超乎传统认知，一个微小的个体通过网络就会成为庞大的群体，一点微言碎语通过网络可能形成强大的舆论场，一个微小的个案通过网络可能成为爆炸性的社会事件。

二是在信息形态方面，信息形态从以文字为主向音频、视频、图像等多媒体形态转变，从单向传播为主向交换传播转变，特别是微博已成为中国最具影响力的主流媒体之一。中国互联网络信息中心《第 32 次中国互联网络发展状况统计报告》显示，截至 2013 年 6 月底，我国微博网民规模为 3.31 亿，较 2012 年底增长了 2216 万，增长 7.2%。网民中微博使用率达到了 56.0%，较 2012 年底增加了 1.3 个百分点。

三是在服务模式方面，新媒体信息网络正从提供信息服务向提供平台服务延伸。以博客、播客、微博等为代表的 Web 2.0 服务模式使互联网的平台功能更加突出，网民不仅是信息的消费者，也是信息的提供者、创造者，开创了一个“人人都能发声，人人都可能被关注的时代”。

四是在传播手段方面，信息网络正加速融合，我们正在迎来电脑、手机和电视“三屏合一”的全新时代，这大大拓展了网络信息的传播渠道，同时也对规范网络信息传播秩序提出了更高要求。

当互联网技术突飞猛进，移动互联网异军突起，新媒体发展如火如荼时，传统媒体的处境开始变得尴尬，但领导干部却不能忽视新形势下传统媒体的社会功能。传统媒体如果不复存在，新媒体也无法健康发展。因为如果没有传统媒体的求证和制衡，网络谣言会在舆论场中更加泛滥猖狂；如果没有传统媒体的整合和梳理，碎片化的信息可能永远不能拼凑出事实的真相；如果没有传统媒体的严肃和坚守，花边八卦和低俗信息会迅速充斥整个网络空间。可见，即使在日渐丰富的媒体生态中，传统媒体仍然占有重要的地位，只是因为新技术的发展和信息传播的特性，促使传统媒体逐渐向新媒体转型，不同媒介形式的进一步融合将是大势所趋。

三、用“新闻执政”克服“本领恐慌”

在当今高度发达的媒体社会里，新闻执政已经成为治国理政不可缺少的重要部分。所谓新闻执政，是指运用媒体新闻来提高公共部门的执政形象、执政公信力和执政合法性，向广大群众传播执政者的路线、方针、政策和决策，以达到贯彻落实的目的。

资料链接

"玫瑰革命"与媒体的"能量"

格鲁吉亚曾发生过一场称之为"玫瑰革命"的反政府事件，政变者萨卡什维利为自己找到独特象征——玫瑰花，他每次出现在公众面前时都不忘拿一枝玫瑰花。这场"革命"从头至尾没有打碎一块玻璃窗；没有点燃一部小汽车；没有任何冲击政府机关部门的激烈行为；没有以往社会变革的激烈对抗以及暴风骤雨般的群众运动，在不发生流血冲突的情况下实现了政治更替。西方学者认为这场"革命"是一场媒体事件。由人民合法选举的总统谢瓦尔德纳泽被媒体设置的议程、制造的新闻、组织的"革命者"、煽动的抗议者和塑造的反对派领袖驱赶出了总统府。

美国的执政者和政治家十分重视运用新闻来执政，即运用新闻来提高公共政策部门的执政形象、执政公信力和执政合法性。美国政府的一系列相关做法和制度值得我们借鉴。

其一，用表态制造新闻。各级政府官员重视在事件发生后及时表态，把民众迅速凝聚到政府的周围；他们注意政府的政务公开和政府发言人制度的完善，力图使政府的声音及时让本国人民和世界听见；他们十分注意掌握新闻发布规律，使政府的议程、媒体的议程和公共议程良性互动。

其二，用行动制造新闻。美国领导人经常在全国各地视察讲话，他们把每天的活动日程提前告诉记者，让记者把领导人的行动和讲话及时变成新闻，告知公众，力图使公众总是跟着国家领导人的行动、发言和思想行动。美国领导人的这些行为都是为了通过媒体争取民心。

其三，用政策制造新闻，即围绕"新闻性"制定政策。所谓"新闻性"，即修改或制定一项政策，一定要有新的内容并且能获得公众的欢迎。如果一项政策没有新的内容，就不会受到公众的欢迎。

其四，策划"今天的台词"。美国政府最高决策会议是美国总统每天在白宫召开的会议。但是，这个会议主要的时间讨论的不是别的，而是：今天的新闻应该是什么？今天白宫应该向媒体发布的"新闻台词"、"新闻关键词"是什么？通过白宫最高层的新闻策划会，通过一个口径、一个关键词，确保美国人民、媒体，世界人民和各国媒体甚至政府关注的议程都是白宫策划出来的议程，把议程设置和新闻选择的权力紧紧地抓在手里。

其五，精心组织新闻发布会。一场有效的新闻发布会不仅可以传达信息，而且可以借助各种形式的编排鼓舞士气，并制造舆论。美国的新闻发布会通常都是精心策划的，每一个发布会都会体现出美国政府的政治意图，并且使受众不自觉地接受政府的宣传，认定那就是事实真相，同时也认同美国政府作为世界警察和民主传播者的形象。

资料链接

梁启超的政治宣传

梁启超是中国历史上以政治家身份从事报刊活动的第一人，56岁的生命历程中竟有27年的报人生涯，一生参与办报达29份。善于利用报刊进行舆论宣传是他一生政治活动的突出特点和优势。他的如椽大笔在中国政海曾几度搅起过巨波狂澜，推崇他的人称赞他为"舆论骄子"，痛恨他的人诅咒他是"文坛野狐"。为了使政论文章更易于为广大受众接受，更好地向社会宣传变法维新的新思想，他开创了一种适合时代需要的新的表现形式——“时务文体”。他自己概括该文体的特点是：其一，“纵笔所至不检束”。其二，“务为平易畅达”，其三，“条理明晰，笔锋常带情感”。

1902年2月8日，梁启超创办了《新民丛报》。这是梁启超办报生涯中最得意的时期。《新民丛报》的销路很广，仅国内的销售范围就达49个县市、97处之多，发行量最高达1400份，且每册一出版，内地就有人一再翻印。清政府虽然严禁，读者仍是争相传阅。有人估计，大概每册要经过20人的阅读。

我国目前正处在社会矛盾和利益格局深刻调整的关键时期。针对这一情况，我们党提出构建“社会主义和谐社会”的目标和“执政能力建设”的任务。构建和谐社会不是回避“矛盾”和“冲突”，而是在承认多元利益存在的基础上为不同利益的表达、妥协、综合提供制度性的公共博弈平台和沟通渠道，从而使各方利益在谈判和妥协中达到均衡，实现和谐。而媒体天然具备构建“政治交流结构”和“利益表达机制”的功能，具备充当社会利益博弈的公共平台的能力。构建和谐社会，就要确保大众媒介的这种功能得到充分发挥。媒体可以通过信息传播让整个社会更加和谐发展。每一个社会成员都是庞大机器上的一个零件，而信息传播是社会机器的“润滑剂”，只有信息和指令被传递到每一个个体，无数的个体才能协调一致，社会才能和谐发展。

面对媒体新格局带来的新挑战，领导干部必须深刻认识媒体在执政过程中的重要作用，适应媒体新时代的要求，克服“本领恐慌”，切实加强新媒体业务学习，提高领导干部媒介素养，增强善解、善待、善用媒体的意识和能力，逐步提高“新闻执政”能力和水平。

一是善解，就是要对新旧媒体的舆论格局要有清晰理解和理性认识，对媒体在社会转型期的重要推动作用要非常了解，对媒体的“双刃剑”作用及其复杂生态要深度了解。

二是善待，是指在危机处理过程中要善待公众、善待媒体，关键要意识到今天的信息公开制度本身是有缺憾的。敢不敢在第一时间公开全部事实，能否通过政务微博第一时间发布，通过各种方式尤其是发挥网络意见领袖在危机处置中和沟通中的中介作用，成为新时期政府进行新闻施政的重要内容。

三是善用，即在常态工作中积极运用媒体，积极把媒体当成重要策略、资源、平台来与公众沟通。对新闻规律的把握，对创意营销的注重，对各种媒体资源“讲故事”能力的提升，是善用媒体的关键。

总之，我们的生活离不开媒体，政府执政也不例外。新闻执政已成为执政的新形式，并且是大势已“趋”，领导干部不能回避，而要敢于面对，要积极转变观念，将“要我传播”变为“我要传播”，积极主动与媒体打交道，在执政过程中充分利用媒体，引导国内外舆论，调动广大人民群众的积极性，使党和政府、媒体以及群众三者间形成一股合力，推动各项方针政策的顺利实行，推动科学发展。

延伸阅读

关于新媒体的猜想

1994年4月20日，通过一条64K的国际专线，中国全功能接入国际互联网，刻下了进入互联网时代的起始点。今天，我们已无法想象曾经发出第一封电子邮件历时7天的曲折，而当今中国互联网所正在发生的一切，也远远超出了20年前“中国互联网之父”钱天白教授的料想。新技术层出不穷，新应用应接不暇，新设备眼花缭乱……20年时间，中国互联网从边缘落后到奋起追赶，并开始在世界舞台崭露头角。

站在中国互联网发展的第二十个年头，我们有理由对新媒体作出大胆预测和猜想：4G能否遍地开花？大数据能否掀起浪潮？下一个承载中国互联网“走出去”的梦想是谁？……无论答案如何，我们始终坚信，只要怀揣梦想、勇气和智慧，迎接中国互联网的必是一个可期可待的未来。

移动能“接管”生活？

移动互联网的普及，彻底降低了“联网”的设备、技术和时间、空间门槛。从社交沟通、资讯获取到移动购物、移动办公，移动互联网逐步覆盖生活的每个侧面

在众多场合，“低头看屏”已成风景。以智能手机、平板电脑等为终端的移动互联网爆发式增长，我国移动互联网用户总数已超过8亿，这一数量还将继续高速增长，并进一步向三、四线城市和农村用户渗透。

随着用户群的扩大和使用习惯的养成，移动互联网的市场空间将大为拓展。此前的应用主要为社交沟通、资讯获取类，日常生活、移动办公类应用预计今年将有突飞猛进的发展。智能手机、平板电脑这样的移动“小屏幕”，不再只是通讯、娱乐工具，也将成为生活工具、生产工具。

伴随而来的将是移动互联网创业潮的进一步火热。各移动系统平台为优化“系统生态”，都为创业者提供了便捷的开发工具。而移动互联网基于位置的服务特性，更个性化的服务需求，为创业者的生长提供了沃土。

值得注意的是，随着移动终端尤其是手机“接管”我们的生活，对个人隐私加强保护将更加迫切。

大数据将掀起新浪潮？

大数据的“深水区”在社会治理和公共服务领域。各地将以大数据应用为基础，以智慧城市和城镇化建设为中心，出现多元化创新发展格局

大数据将成为宏观调控、国家治理、社会管理的重要信息基础。大数据拓宽了政府公共数据信息的搜集渠道，提高了统计数据质量，开拓了数据应用的新方式和新领域。

智慧城市建设将提上政府的议事日程。政府可加大公共信息资源开放的力度，这将给相关产业创新带来新的便利和动力。工业化、城镇化、信息化、生态化建设将因大数据革命而加速转型和融合。

刷手机和二维码将成为新时尚。电子支付、手机钱包、二维码、一卡通等成为金融服务新领域，在城市居民的衣食住行等公共缴费方面得到广泛使用。科教文卫体等行业，也将可能率先实现传统信息资源和大数据的大规模结合与应用。

社会民生、行政审批和信息公开等方面，大数据资源和技术将发挥巨大的价值，提高政府管理效能。另外，大数据在社会治安、舆情管理和行业安全预警方面，将在不少中心城市发挥作用，出现集成化智慧管理平台。

网络法治能否告别“丛林法则”？

随着互联网立法日益完善，网络逐渐告别“丛林法则”，“负责任的网络自由”日趋成为社会共识

当前，互联网领域法律虽然还存在着立法层级不高、部分领域尚缺少专门立法等问题，但互联网法律基本规则和框架已逐步浮现。司法成为推动网络法治的有效力量，并通过司法解释等形式对互联网法律形成有效的补充和注解，为未来统一网络立法提供依据。

滥用网络自由等导致的恶性事件仍有可能发生，从而引发社会对互联网伦理的新思考。与此同时，打击网络谣言，仍会成为舆论关注的热点；如何处理好网络版权人权利与网络自由之间的关系将再次引发争议；而平衡好网络自由与金融安全之间的关系，进一步规范互联网小额金融，也将成为金融监管部门亟须解决的难题。

尽管目前绝大多数该类案件都能在法律原则和相关法律中找到依据，司法解释也扮演了十分重要的作用，对互联网专门立法的呼声将日益高涨，一些相应的网络专门立法也将颁布。“负责任的网络自由”将逐渐成为社会共识。

4G能否遍地开花?

4G的全面普及需要一个过程。在中心城市和新潮人群中，将会有一波“尝鲜”热潮。4G遍地开花，还有赖于三大电信运营商早日提供更普及的网络与更低廉的资费

如果说3G时代，中国追赶世界；那么，4G来临后，中国正赶超世界。

2013年12月4日，工信部正式发放4G牌照，中国4G网络商用时代就此正式开启。“一秒钟下载一首歌，两分钟下载一部电影”的高速体验，终于可以在中国移动互联网上实现。

从3G时代的经验来看，4G普及首先需要运营商提供更广泛覆盖的网络，以及更多可供选择的手机终端，才能激发用户升级热情。而从“用上4G”到“用好4G”，还需运营商提供更清晰明了、适应用户需要的网络资费标准，不仅是降价，还包括调整套餐结构。在“流量如流水一般”的4G时代，不要让用户“望网兴叹”。

对中国的电信运营商、手机生产厂商和手机软件设计者们来说，4G是赶超世界的难得契机。由我国主导的4G国际移动通信标准TD—LTE，也将摆脱3G时代TD—SCDMA的尴尬局面。

新媒体与传统媒体如何融合发展?

传统媒体将进一步感受市场寒意，新媒体也需寻找更脚踏实地的实现路径。融合发展，将是以新媒体思维促进传统媒体升级，而不应割裂成“新旧”媒体间的恶性竞争

2013年底，新成立的上海报业集团有两大动作：一是推出新媒体阅读产品《上海观察》；二是旗下《新闻晚报》2014年起休刊。一生一死，新媒体和传统媒体的境遇对比强烈。未来几年，传媒界的变迁仍将继续。

新媒体在传播力、渗透力、广泛性上的强烈冲击，经由微博、微信、新闻客户端等呈现，广为人知，但作为媒体核心竞争力的新闻生产，有其客观规律和科学方法。无论从制度设计还是现实运作看，传统媒体仍将是

新媒体的主要内容源泉。尤其是一些由自媒体产出、在新媒体中流行的“乌龙新闻”，也让公众反思：无论何种媒体形式，真实准确始终是第一生命线。传统媒体和新兴媒体融合发展，不是简单的“报道上网”和“网评见报”，既要坚持新闻传播的专业素养，更要借助新媒体的技术手段和传播优势，全面更新“武器”。

变迁不断，传媒不死。今后几年，我们或将看到更多不必深究其“新旧”归属的媒体形式、品牌和产品。

政务微博、微信当大V？

各级政府正加速深度融入互联网。在政务信息发布方面，将在继续用好传统媒体的同时，更加充分地运用互联网上的各种发布渠道与网民互动交流

近年来，各级政府与互联网的融入保持着敏锐的加速度。根据工业和信息化部下属中国软件评测中心数据，2013年政府网站绩效评估部委移动客户端拥有率达到25%。

从在政府网站晒出“三公”经费，到开通微博、微信与民互动，再到APP、微视等新平台，自媒体时代，政府部门一改以往神秘面貌，直面网民。尤其是面对日益多元的诉求，政府部门需要在讲求互动交流的网络平台上，主动发布消息，公示信息，也要有积极回应热点甚至质疑的勇气和智慧。

坦诚与公开，在助推政府作风转变的同时，也将为各级政府赢来众多粉丝。今后会有更多政务微博、微信因此加入大V行列。与粉丝群体显著增长形成良性互动的是，网上政务、网上新闻发布会和听证会、网络信访受理等有望实现常态化。互联网将由意见集散地演变为政事咨询台，成为政府部门听民情、知民意、疏民怨、汇民智、暖民心的重要行政工具。

下一个“走出去”的是谁？

对跟在国外企业身后走了20年的中国互联网企业而言，“走出去”是一直的梦想，全球移动互联网浪潮的到来让中国互联网企业看到了“圆

梦”机会

在过去几年中，微信的爆发式增长成为“走出去”这个全球化梦想的催化剂——2013年8月中旬，微信海外版用户已超过一亿，覆盖超过200多个国家和地区。在微信快速海外“攻城略地”的同时，中国互联网领域会出现它的同行者吗？会是谁？会发生在哪个领域？

会是浏览器吗？2013年，UC浏览器拿下印度第一，成为中国首家在海外获得市场份额第一的互联网企业，全球覆盖超过150多个国家和地区。

会是手游吗？如今，在苹果、安卓等应用商店里，来自中国的游戏APP已成为一支重要力量，“完美世界”网游已在全球100多个国家和地区拥有自己的重要市场。

会在一个大家都预测不到的领域吗？毕竟，互联网创新常会在意外之处带来惊喜。

全球移动互联网浪潮给了我们“弯道超车”的机会，中国互联网能否跨越“加拉帕戈斯岛综合征”，站上全球之巅？值得期待。

BAT会有挑战者吗？

根据调查，互联网百强企业中六成以上运营时间超过8年——超稳定的结构开始形成，新的创业公司发展比较困难。这一趋势，将得以持续

与美国互联网巨头们后浪不断推倒前浪的发展曲线不同，在中国，BAT（百度、阿里巴巴、腾讯）三巨头近年来一直稳坐潮头，且有越来越大之势。

中国互联网协会的报告显示，2012年，腾讯、阿里巴巴、百度三家企业营收之和逾千亿，占当年互联网百强企业营收的一半。2013年，三家一系列大手笔的收购再次验证了自己的实力和“通吃天下”的野心，也让中国的创业者倍感“压力山大”。

但另一方面也不能忽视，随着中国互联网从PC向移动时代的迈进，一些变数正在产生，一些具有了挑战气象的公司正在崛起，如被业界称为

“三小虎”的京东、小米和奇虎360，它们的发展同样令人期待。

值得期待的还有创业团队的作为。随着推出开放平台、招揽第三方开发者已成为巨头们共同的选择，这些平台上，近百万的开发者中能否诞生中国互联网的新未来？

互联网企业能否扛起中国概念股？

上市并不是终点，上市后的表现更为重要：在概念之外更为实质的内容，财务和运营的透明，诚信与业绩的展现

2013年9月，腾讯公司成为首家股票市值进入千亿美元俱乐部的中国互联网企业。在阿里巴巴经历了2013年“双十一”350亿元的交易狂欢之后，对其股价和市值的猜想也就更加令人关注。

经过了2011年下半年至2012年的冷冻期，以及浑水、香橼等做空机构的“猎杀”之后，进入2013年特别是下半年，58同城、去哪儿、500彩票、汽车之家等相继登陆美国股市，再次激发了人们对于中国概念股的想象和期待。这一态势能否继续延续？UC优视、盛大文学、迅雷、大众点评、京东等早有上市规划的公司能否顺利走上上市路？触控科技等新生力量能否登上美股，中国概念股能否告别近年来的颓势，赢得投资者信心？人们拭目以待。

网络安全何时能够不再“雾里看花”？

网络环境、技术、市场和法律中的一些灰色地带，将激化安全问题，并带有移动、快捷、敏感、私密等新特点

2013年美国“棱镜门”爆发，使网络安全问题得到了空前关注。互联网已经成为各国重要的战略资源，网络安全也是国家安全的重要部分，“数据主权”将得到更多关注。

未来几年，国家决策将一方面推动信息安全产业的发展，一方面促成我国信息技术自主创新实现“弯道加速”。其中，金融信息、云计算与大数据、信息安全分级保护、工业控制、竞争情报分析、舆情预警等领域将

成为热点。

随着3G和4G用户规模加快攀升，移动互联网发展将更为迅猛，移动终端安全、移动社交安全、云安全、伪基站、GSM短信监听、路由器劫持等将成为网络安全新的重灾区，安全隐患在加剧。

在新的网络保密技术方面，指纹、瞳孔等生物身份验证识别应用面广阔，多密码体系应用也将继续扩大。蓝牙Key和OTP等新的身份认证方式，将逐渐进入广泛应用阶段。

（根据《人民日报》2014年1月2日14版
《2014新媒体十大猜想》整理）

第二章

正视媒体的隐性权力

媒体权力作为一种“隐性的权力”，是一种可供开发和利用的资源。媒体拥有强大的社会权力的现象屡见不鲜。在我国，媒体既是公权力的“耳目喉舌”，充分得到了国家的支持和人民的信任，也是公权力的“保健医生”，同时，媒体还被形象地称为“永不停息的社会雷达”。媒体在现代社会中扮演了非常重要的角色，已经成为当今社会中不可或缺的基础性要件。领导干部对待媒体要有理性和科学的态度，要跳出“非敌即友”或“零和博弈”的错误观念，尊重媒体，掌握与媒体打交道的黄金原则，主动和媒体“做朋友”。

一、“透视”媒体权力

权力，指一种带有一定强制性的社会支配力量。权力通常以政治和法律作为基础，并在政治法律所规定的范围内行使。媒体权力的存在首先必须建立在媒体权威的基础上。媒体权威的形成并不是靠强制力量，而是由它对社会产生的影响力、拥有的受众所决定的。换句话说，媒体权力的存在必须由一定规模的受众和良好的社会口碑决定。

媒体以一般大众为其对象。受众的广泛性和高覆盖率使得媒体对于一般事物的影响能起到扩音器和放大镜的作用，能够形成权力覆盖或影响人数的扩大，有时甚至能调动更多的因素加入形成新的权力。一般而言，享有比较高的权威、规模较大的媒体的受众相对比较多，它对某个事件或人以及社会的影响程度就会高出一般的媒体。

按信息传播学来说，媒体权力主要包括信息采集权和信息发布权，从信息的收集、筛选到信息的过滤、公开，其间每一个环节都体现着权力对其的主导作用，因而这种媒体权力作为一种“隐性的权力”，就成了一种可供开发和利用的资源。

媒体拥有强大的社会权力的现象屡见不鲜。大众传媒通过所传播的信息，影响着社会公众的思想和行为，引导着社会公众的注意和兴趣，改变着社会各阶层的力量对比，并在一定程度上支配着社会发展的趋势，这就是媒体的权力运作的整个过程。

记者作为媒体的“代言人”，通过信息收集和传递天然地行使着这种“媒体权力”，实现了媒体（记者）的功能。信息本身可能具有权力关系，也可能不具有，但经过媒体的传递和受众的选择，信息的作用就可能会发生转换。记者传递信息的重要程度及可能产生的影响程度的差异实现了信息到权力的转换。记者能对政治和社会产生重要影响的一个重要原因在于其可能左右媒体的议程设置。通过议程设置可能使人们在一个相对长的时间里关注某个议题，也可以迅速地转移人们的话题，从而产生不同的政治影响和社会后果。

媒体拥有的“隐性权力”具有这样几个特点：一是权力来自精神文化方面，没有直接的物质可分配，是一种软性权力，会影响到人们的选择、抉择以及态度。二是建立在真实、有用的信息的基础上。如果长期散发虚假的、无用的信息，那么这种媒体或记者必将失去受众，最终丧失它的权力。三是呈现出一对多的散点性和开放性。大众媒体所具有的权力存在于它与广大受众之间，是通过媒体发出的信息对受众产生影响而形成，而不是一对一的关系。同时，这些受众虽具有相对稳定性，但并不固定，而是开放式地形成受众。四是在行使权力时，应该秉持公正、公平、公开的原则。当然，在现代社会里不存在抽象的代表全社会的公共利益。所谓代表全社会的公共利益，无非是各个阶层利益的平衡点罢了。五是权力存在异化和被滥用的可能，把这种权力置于社会所有公众的视野里，时时接受来自公众的监督，是社会发展的必然要求。

现实中，一些对记者是否会滥用这种“隐性权力”的争论不绝于耳。比如，关于个人隐私保护与新闻自由的问题。一方观点认为，有时可能粗暴侵入个人生活领域，干扰个人正常的生活秩序。另一方观点认为，媒体是公众的“看门犬”，为了公众利益有权报道各种信息。

资料链接

戴安娜之死与记者追踪

1999 年，颇受世人瞩目的戴安娜王妃于巴黎死于车祸，使英法两国大为震惊，戴安娜遇难后，巴黎警方迅速对戴妃死因展开调查。最初调查指出司机保罗是酒后驾驶，每公升血液酒精含量达到 1.75 克。但是后来不断有人证实保罗早已戒酒，开车当晚并没有喝酒。

戴安娜的死使媒体与记者成为人们指责的对象。戴安娜早就指责过英国媒体对她的骚扰。这次车祸可以说又是为躲避记者追踪超速驾驶而造成的。更令人气愤的是，车祸发生后，记者没有对伤者进行及时抢救，反而忙于拍照抢镜头。戴安娜的弟弟潘塞伯爵反应强烈，他非常气愤地说："那些鼓励摄影记者不顾一切拍摄戴安娜照片的报业主编们，你们的双手终于沾染了戴安娜的鲜血！"

二、媒体的社会功能

现代社会是典型的媒体社会，媒体正在全方位地影响政治生活、社会生活、经济生活、文化生活。媒体的"耳目喉舌"功能一直为我们党所强调。毛泽东明确提出"报纸的作用和力量，就在它能使党的纲领路线、方针政策、工作任务和工作方法，最迅速最广泛地同群众见面"。邓小平要求宣传思想战线的战士"作为灵魂工程师"，"一定要无条件地宣传党的主张"。江泽民指出，"我们国家的报纸、广播、电视等是党、政府和人民的喉舌"。胡锦涛也强调，"新闻媒体是党和人民的喉舌，一定要坚持新闻工作的党性原则，坚持团结稳定鼓劲、正面宣传为主的方针，牢牢把握正确的舆论导向，努力营造昂扬向上、团结奋进、开拓创新的良好氛围"。中共中央办公厅印发的《关于培育和践行社会主义核心价值观的意见》中指出，新闻媒体要发挥传播社会主流价值的主渠道作用。坚持团结稳定鼓劲、正面宣传为主，牢牢把握正确舆论导向，把社会主义核心价值观贯穿到日常形势宣传、成就宣传、主题宣传、典型宣传、热点引导和舆论监督中，弘扬主旋律，传播正能量，不断巩固壮大积极健康向上的主流思想舆论。

在我国，媒体是公权力的"耳目喉舌"，充分得到了国家的支持和人民的信任，同时也是公权力的“保健医生”。公论、公正、正义是媒体的内在品质，揭露公众关心的社会矛盾和违法违纪事件，鞭挞假恶丑，传达弱势群体的呼声，批判霸权主义、强权政治和非人道行为，伸张正义，主持公道，充当社会肌体的“保健医生”，历来是媒体影响力之所在。“保健医生”所进行的舆论监督既是媒体拥有的重要权利，同时也是媒体必须履行的重要职责，只有切实行使好舆论监督职能，正确引导舆论导向，新闻媒体的“社会雷达”、“耳目喉舌”等功能才能得到充分的发挥。

媒体与每个人特别是领导干部息息相关。马克思和恩格斯曾讲过：“报刊按其使命来说，是社会的捍卫者，是无处不在的眼睛，是热情维护自己自由的人民精神的无处不在的喉舌。”包括报刊在内的各种媒体在现代社会中扮演了非常重要的角色，已经成为当今社会中不可或缺的基础性要件。在信息爆炸的当今时代，离开媒体，也就失去了联结社会各个部位的“脚手架”和促进社会系统循环的“管道”。

20世纪40年代，美国政治学家拉斯韦尔最早概括了传播的三种基本社会功能，即环境监控、社会协调和文化传承。传播的环境监控功能，指的是传播在帮助人类察知内外环境变化并及时调节环境适应行为方面所起的重要的作用。这种作用，与雷达收集和处理信息的活动具有类似性，在现代社会，媒体执行着重要的社会雷达功能，被形象地称为“永不停息的社会雷达”。

首先，媒体作为“社会雷达”，是由媒体的本质特征所决定的。公众需要得到足够的信息，了解自己所处的环境对于自身利益的影响，每个人的头脑中都有一张社会地图，并根据社会地图来为自己选择在社会上的位置。社会地图绘制准确，社会发展就有希望，社会地图绘制错误，社会发展就有危机。要想社会地图绘制准确，人们必须不断搜集信息，根据社会环境的变化不断修正社会地图。人们搜集信息的行为被美国传播学家施拉姆称为“社会雷达行为”，而媒体就是一个重要的“社会雷达”。

其次，媒体作为“社会雷达”，是由媒体的基本任务所决定的。大众传媒采集新闻素材，进行新闻报道，关注的就是新事实、新问题、新变化、新动向、新兆头、新端倪，就是环境发生变化的各种征候。

再次，现代媒体拥有非常发达的科技手段，具有极强的延展力和渗透力，它的触角伸向了人类社会生活的各个领域，因此，也有义务、有理由、有能力成为“社会雷达”。

最后，说媒体是“永不停息的社会雷达”，从公共管理或领导科学的角度讲，也是有一定道理的。一方面，媒体为各级领导干部搜集、整理了大量的社会信息，便于其决策、领导；另一方面，媒体对各种违法违纪行为特别是国家公职人员的违法犯罪、渎职腐败行为进行报道，对重大事件进行披露，这是宪法、法律赋予的使命和责任。我国宪法在一般性地规定言论自由之外，又特别规定公民享有揭露和批评政府机构和政府官员不当行为的言论自由。《中国共产党党内监督条例》规定，媒体要通过内部反映或公开报道，发挥舆论监督的作用。党的各级组织和党员领导干部应当重视和支持舆论监督，听取意见，推动和改进工作。任何机关、组织、部门、行业、单位、企业和个人，可以不接受媒体的表扬和赞美，但无权拒绝媒体的监督和批评。

资料链接

德国总统因禁止媒体报道丑闻辞职

2012年2月17日，德国总统伍尔夫在柏林总统府宣布辞职。

2012年1月4日晚间，德国国家元首伍尔夫总统在国家电视台播放的20分钟采访中说，为自己在涉及其财务交易一事中犯下的“重大错误”公开道歉，但他拒绝接受辞去德国联邦总统职位的要求。伍尔夫说：“我会坚持下去。”

伍尔夫自2011年12月以来便顶着巨大压力。德国发行量很大的小报《图片报》2012年1月报道称，伍尔夫2008年任下萨克森州州长期间，从一个商人的妻子那里获得了一笔50万欧元低息贷款用于购置房产。

据德国媒体报道，伍尔夫曾打电话威胁《图片报》，试图阻止这家出版物报道其财务交易，并称要和这家报纸断绝关系。对于接受50万欧元贷款用于家庭购房一事，伍尔夫说，我知道我没有做任何违法的事。他说，打电话给《图片报》主编是个重大错误，对此我非常抱歉。显然在那一刻，“我觉得自己更像受害者”。

伍尔夫说，他在德国以外的地方进行正式访问时，《图片报》联系到他，说打算在第二天刊登那篇报道。伍尔夫说，他并不是想阻止那篇报道发表，只是要求编辑再等一天，这样他就可以在访问结束回到柏林后与他们面谈。伍尔夫说：“我要求把这篇报道推迟一天刊登，这样我们就可以讨论这件事，让报道准确无误。”

这并不是这位德国总统第一次试图阻止媒体报道；在2011年6月，伍尔夫据说曾试图说服德国《世界报周日版》撤除一篇有关其同父异母妹妹的新闻稿。德国媒体一致谴责了伍尔夫试图干涉新闻自由的行为。

要使媒体真正担负起公权力“耳目喉舌”与“保健医生”的职责，媒体工作者、特别是广大“无冕之王”——记者们应该把自己的道德责任与社会责任紧密联系起来，在行使职务权力时遵守以下四个原则：

一是采访、报道的客观性原则。记者采访和报道的权利是宪法层面上言论自由和知情权的延伸，是代替民众行使宪法权利的一种特殊方式，这种职业上的权利是带有公共利益性质的特殊权利。记者在行使采访报道权利之时应该遵循客观性原则。

资料链接

有偿新闻

有偿新闻是新闻采编者将具有或不具新闻价值的信息，按照出资人某些宣传意图撰写的新闻，也指新闻工作者采取不正当手段向被采访报道对象索取物质报酬的活动。有偿新闻，其实质就是某些新闻从业人员将国家和社会赋予的新闻机构传播新闻的权利，作为个人和团体的私有商品非法出卖，权利和金钱进行了非法交易。有偿新闻的危害性表现在三个方面：一是破坏了真实性、客观性、公正性的原则。二是降低了新闻报道的质量。三是腐蚀了新闻工作队伍。

有偿新闻按“有偿”形态可分为以下几类：（1）接受劳务费、误餐费等形式的红包、礼金、有价证券，获取各类消费、好处，以及可能会影响到公正采访和报道的礼品；（2）以新闻为诱饵换取经营利益（如广告、发行）或赞助；（3）以内参、曝光等为要挟，迫使对方提供钱、物等好处；（4）利用发布新闻报道谋求外单位住房、房屋装修、制作家具、旅游邀请以及占用对方交通工具等利益；（5）向被采访单位提出为个人或亲友谋私利提供便利条件；（6）到被采访单位报销应由个人承付的票据；（7）媒体给采编人员下达创收指标，从而使有偿新闻堂而皇之成为经营创收手段，如有偿组版、联办节目；（8）同新闻单位（包括记者编辑）之间以获取不正当利益为背景而互相交换新闻；（9）某些中介、公关公司以盈利为目的，非法运作（实为经营）新闻。

二是报道的谨慎性原则。默多克的《世界新闻报》之所以一夜之间瓦解，并不是说它的报道缺乏新闻真实，也不是说它的报道延迟滞后，而是它的报道取得途径远超出了法律和伦理所能容忍的限度。我们所说的报道谨慎性原则，是强调取得新闻材料的手段合法，报道过程合法。现在新闻界有一个误区，就是强调报道材料的真实性和轰动性，而忽视或者排斥取得手段的合法性。

三是报道的限制性原则。新闻自由所强调的是媒体的自由性，与报道的限制性原则是一个问题的两个方面。正如法谚所言，没有约束的自由就会演变成暴政。在新闻领域，这种“暴政”很可能演化成“多数人的暴政”，反过来就有可能颠覆新闻自由的根本出发点，到头来会伤害到社会整体利益。

四是及时履行义务原则。记者在职务行为中，可能会出现一些侵害他人合法权益的事件，及时履行义务就成为维护自己权益、减少侵权责任的重中之重。

媒体具有强大的社会动员能力，同时在保障人民享有和行使知情权、参与权、表达权、监督权等方面负有不可推卸的社会责任。新时期，媒体的社会责任主要表现在三方面：第一，坚持正确的舆论导向，精心做好正面报道，真正按照新闻规律传递正能量，努力提高传播力、公信力、影响力，积极打造传媒新高地。第二，坚持以民为本的利益导向，以开放的态度参与报道，勇于承担社会责任，把握好舆论引导的强度与节奏。第三，秉承理性态度和建设性态度，坚守新闻伦理：即真实、准确、客观、全面，致力于问题解决。

三、媒体不是“冤家”是“朋友”

媒体肩负社会责任，代表公众发声，其角色定位决定了他们具有自己独立的立场和观点，任何人都无法改变。各级领导干部对此要有理性和科学的态度。对待媒体和记者，要跳出“非敌即友”或“零和博弈”的错误观念，做正面的宣传报道时要热情支持；对于工作的批评质疑，更要切忌先入为主地反感、排斥或急于撇清自己。作为媒体记者来说，特别是在做批评报道时一般都是有备而来，他们也有自己的工作使命和职责要求，当事领导干部如果对于媒体提出的问题不闻不问或采取对抗态度，他们自会找别人来说，最后陷于被动的往往还是有关部门和个人。

政府要更好地应对媒体，首先要做到尊重媒体，要配合媒体合法合理地行使自己的权利，完成好党和人民交给的任务。这时，一定要尊重舆论传播规律，让媒体在合法合理的范围内按新闻传播规律办事。

从领导干部的使命和媒体的职责来看，媒体应该是领导干部的朋友。真正的朋友不见得“只说好话”，所谓“忠言逆耳”，只不过是媒体在发挥“社会雷达”的职能罢了。但从当前来看，个别领导干部不善待媒体，把记者当作“冤家”有种种表现：一是怕媒体、躲媒体。“不怕通报，就怕见报”，一旦出了“负面情况”，某些领导干部怕说错话给自己带来麻烦，于是不敢正面接触记者，回避记者的采访。二是堵、盖、封，施压制止媒体报道。在个别官员的逻辑里，批评就是负面，负面就是抹黑，抹黑就应动用公权力消除“影响”。三是有的领导干部回答记者提问时，说过头、过激的话，而被记者原封不动地放到报道里，导致出丑。四是面对媒体人员拍摄时，有的领导干部缺少配合意识，使其在身体语言上暴露出不佳的公众形象。

资料链接

镉超标大米吃一两年没问题？

近年，广东省发生了较大范围的土壤重金属污染，韶关是广东省土壤重金属污染最严重的地方，韶关土壤中主要超标元素就是“镉”。韶关曲江区联益马坝米业有限公司是当地最大的加工企业。工厂负责人接受采访时坦言：“收购的大米中普遍含有镉，为了达到标准，只能将含镉量不同的大米调配。”2013 年，广东韶关市农业局副局长陈某某在广东省全国人大代表土壤重金属污染专题调研座谈会上，发表了“镉超标大米并不是毒大米，吃一两年没问题”的看法。此言论一出雷倒一大片公众，由此在网络中也引发了热议。

作为领导干部，如果不善于与媒体和记者打交道，小到影响其本人的形象和影响力，大到影响其领导的地方的工作效能、经济发展。因此各级领导干部要善于运用媒体，主动和记者“做朋友”，获取最大的舆论支持，赢得经济和社会发展的舆论环境。

第一，要理解“朋友”，消除认识上的偏差。有些领导干部把所有媒体都当作党报党刊来看待，要求一律“正面报道”，在对“正面报道为主”的理解上，把“正面为主”等同于不允许有批评监督报道，把正面宣传与舆论监督对立起来。领导干部要学会理解“朋友”，还要认识到媒体环境的变化。除了以前单一的党报党刊和政府办的媒体，如今媒体形式呈多样化发展趋势，网络媒体、手机媒体等新兴媒体已经对社会生活产生了重要的影响。因此，要消除认识上的偏差，领导干部就要积极了解这些新兴媒体的特性和功能。

资料链接

盖尔局长的垃圾处理计划

1988—1991 年，美国西雅图市对该市的垃圾处理系统进行了一次翻天覆地的变革。新任局长戴安娜·盖尔认为，要推进这项涉及千家万户和城市环境形象的改革，不仅要制定一个合理的市场推广战略，还必须借助一个可靠的媒体宣传战略，要教育和培训员工学会同媒体打交道。盖尔局长对下属说，不要把媒体看成敌人，要成为他们的朋友。要求下属随着垃圾处理改革计划的实施，及时召开新闻发布会，向新闻界通报情况，取得媒体的理解和支持。当改革计划在实施过程中，因废物处理局的工作失误招来媒体一片冷嘲热讽、批评挖苦时，盖尔局长又教育下属要正确对待媒体的批评：如果有负面报道，那么请你加倍努力改进，不要试图掩盖和解释什么，越掩盖解释越糟糕，也不要试图封堵媒体，而要向记者继续提供好的素材。因为，没有人能保证会有一个非常合作的媒体。可是，如果你不断给他们提供素材，他们也会在你为难时手下留情。正是这种对媒体和公众的态度，西雅图固体废物处理局在盖尔局长的领导下实施的垃圾处理新计划，不仅得到了媒体的配合，也得到市民的理解支持，使西雅图的垃圾处理成了全美的典范。

第二，要信任“朋友”，消除误解，善待记者。在媒体发达的今天，回避和拒绝记者是在浪费宣传资源和错失展示形象的机会，特别是在突发事件、危机事件发生时，“主动讲比被动讲好，自己讲比别人讲好，内行讲比外行讲好”。其实，个别领导干部还对记者这个群体存在着一些误解：有人一朝被蛇咬，十年怕井绳，觉得记者是“无冕之王”，把持着话语权，惹不起躲得起；有人一叶障目，因为一些个别的例子就把全体记者想象成为“吃拿卡要”的群体。实际上，记者不是敌人，而是朋友；记者既是挑战者，更是工作伙伴。尊重记者的报道权就是尊重公众的知情权，尊重记者的工作就是遵循公共管理的规律。

第三，要学会与“朋友”合作，不断提高设置新闻议题的本领。领导干部要时刻关注公众关心的社会热点、难点问题，有针对性地主动设置、策划新闻议题，与新闻媒体形成“共振”效应。强调主动设置新闻议题的能力，就是要在新闻报道中实现内容和形式的创新，要创新新闻传播的方法和手段，让新闻成为观众和读者喜闻乐见的大众商品。针对一些突发公共危机事件爆发速度快、破坏性大、利益相关人员多的特点，政府在迅速应对处置事件、保障人民群众生命财产安全的同时，要谨慎、快速制订周密预案，科学设置新闻议题、发布权威信息，与媒体紧密合作，及时满足公众的信息需求，从而实现疏导心理、安抚群众、稳定民心的目的。

第四，要正确对待“朋友”的批评性舆论。舆论监督实质上是正面宣传的一个特殊组成部分。如果题材、时机、背景、分寸把握得当，舆论监督的效果要远远大于正面宣传产生的效果。正面宣传为主并不排斥批评报道，舆论监督也未必就是添乱而不是帮忙。通过有效的舆论监督，揭露那些损害党和人民利益、为社会所关注的人和事，激浊扬清，针砭时弊，警醒世人，可以从正面显示党和政府对人民负责的决心，密切党、政府和人民之间的联系，从而有效化解社会矛盾，维护社会稳定，树立党和政府的良好形象。领导干部对于新闻媒体的批评和监督，对于“负面”舆论要有必备的承受能力。从构建现代服务型政府的角度讲，要把媒体监督作为推动政府工作的动力，作为审视自身行为的“镜子”，区别对待负面报道。对于善意的、客观的负面报道，要虚心接受，积极纠正自身错误；对于部分失实、无恶意的负面报道，要及时为媒体提供权威信息，通知他们予以纠正；对于完全失实、恶意的负面报道，要据理力争，并适当给予制裁。

领导干部在与媒体打交道时，还需要注意提升几方面的素质：第一，努力提升人文素养。深厚的人文素养往往能够展现领导干部良好的媒体形象和出色的个人魅力。第二，切实提高语言表达能力。良好的语言表达能力是每一位领导干部面对媒体所应该具备的基本能力。在面对媒体和公众讲话的时候，要主题突出，表达清晰，还要会使用生动鲜活、精炼准确的语言，让大家喜欢听、听得懂、记得住、有收获。第三，具备良好的心理素质。因为新闻媒体所关注和报道的事件，往往是社会上的大事、要事，或是政治上的敏感事，有正面的内容，也有负面的东西。领导干部只有具备良好的心理素质，才能很好地应对复杂的媒体环境。第四，处理好同媒体的良好沟通关系。领导干部要采取多种方式加强与媒体的联系和沟通，比如：定期安排专人同新闻媒体联系、沟通；向媒体撰写新闻稿件，宣传本单位或部门贯彻党的方针、路线、政策的具体做法、经验体会；适时召开新闻发布会，进行重要信息发布；等等。

资料链接

子产不毁乡校

郑国人到乡校休闲聚会，议论执政者施政措施的好坏。郑国大夫然明对丞相子产说："把乡校毁了，怎么样？"子产说："为什么毁掉？人们早晚干完活儿回来到这里聚一下，议论一下施政措施的好坏。他们喜欢的，我们就推行；他们讨厌的，我们就改正。这是我们的老师。为什么要毁掉它呢？我听说尽力做好事以减少怨恨，没听说过依权仗势来防止怨恨。难道很快制止这些议论不容易吗？然而那样做就像堵塞河流一样：河水大决口造成的损害，伤害的人必然很多，我是挽救不了的；不如开个小口导流，不如我们听取这些议论后把它当作治病的良药。"然明说："我从现在起才知道您确实可以成大事。小人确实没有才能。如果真的这样做，恐怕郑国真的就有了依靠，岂止是有利于我们这些臣子！"

四、与媒体打交道的黄金原则

作为领导干部，其实一直在与媒体打着交道，现在把与媒体打交道提到一个新的高度来对待，就必然改变以往在工作中多数是媒体围绕着领导转的状况：领导开会，媒体做报道；领导下基层，记者跟着走；媒体怎么报道，百姓怎么看怎么听。随着媒体环境的不断变化，媒体工作的不断创新，各级领导干部要想提高与媒体打交道的能力，应该遵从以下“黄金原则”：

第一，党管媒体的原则。党管媒体的原则是中国共产党领导下的新闻事业的根本原则，即新闻媒体要体现无产阶级政党的思想意志、政治要求和组织原则。习近平同志在全国宣传思想工作会议上强调，宣传思想工作就是要巩固马克思主义在意识形态领域的指导地位，巩固全党全国人民团结奋斗的共同思想基础。党员、干部要坚定马克思主义、共产主义信仰，脚踏实地为实现党在现阶段的基本纲领而不懈努力，扎扎实实做好每一项工作，取得“接力赛”中我们这一棒的优异成绩。领导干部特别是高级干部要把系统掌握马克思主义基本理论作为看家本领，老老实实、原原本本学习马克思列宁主义、毛泽东思想特别是邓小平理论、“三个代表”重要思想、科学发展观。中国共产党在新闻事业发展中一贯强调党性原则，新闻媒体是党和人民的喉舌，已经是我国新闻媒体及其从业人员长期坚持的一条根本法则。以互联网等为代表的新兴媒体的迅猛发展，对新形势下党管媒体原则提出了全新的挑战。习近平同志指出，坚持党性，核心就是坚持正确政治方向，站稳政治立场，坚定宣传党的理论和路线方针政策，坚定宣传中央重大工作部署，坚定宣传中央关于形势的重大分析判断，坚决同党中央保持高度一致，坚决维护中央权威。所有宣传思想部门和单位，所有宣传思想战线上的党员、干部都要旗帜鲜明坚持党性原则。

资料链接

列宁关于党报党刊的主要观点

列宁最早明确提出了党管新闻工作的思想。他在1905年为第一个布尔什维克合法日报《新生活报》写了《党的组织和党的出版物》一文，这篇文章是论述新闻出版物党性原则的纲领性文献。列宁在该文中对党报及其工作人员为什么要坚持党性原则、怎样坚持党性原则作了全面的论述。其主要观点有以下一些：

（1）党报党刊是无产阶级总的事业的一部分，是社会主义这个大机器上的齿轮和螺丝钉。

（2）党报党刊应是党的工作机构，应成为党组织的机关报，应当接受党的领导和监督。

（3）党组织要关心和重视党报工作，要加强对党报的领导和监督。

（4）要清洗违背和破坏党性原则的成员，使党报党刊成为真正的党的事业。

（5）只有真正按照党性原则工作的报刊才是真正的党的报刊。

第二，以民为本的原则。古人云："为政之道，以顺民心为本，以厚民生为本，以安民而不扰民为本。"领导干部与媒体打交道，要有为民执政、为民服务的思想。习近平同志在全国宣传思想工作会议上强调，坚持人民性，就是要把实现好、维护好、发展好最广大人民根本利益作为出发点和落脚点，坚持以民为本、以人为本。要树立以人民为中心的工作导向，把服务群众同教育引导群众结合起来，把满足需求同提高素养结合起来，多宣传报道人民群众的伟大奋斗和火热生活，多宣传报道人民群众中涌现出来的先进典型和感人事迹，丰富人民精神世界，增强人民精神力量，满足人民精神需求。在构建社会主义和谐社会的过程中，领导干部要对媒体反映的民生问题要给予更多的关注，把群众的意见愿望纳入日常的工作范围，切实把人民的利益摆在第一位，把最广大人民群众的根本利益实现好、维护好、发展好。要始终把群众是否受益作为工作的基本取向，时刻关注群众利益、愿望和要求，准确了解群众想什么、盼什么，把媒体上群众的意见建议作为推动工作的动力，着力提升把握群众现实需求的洞察能力、快速处理突发性事件的能力、通过媒体与群众沟通的能力等。

第三，敢于面对的原则。一个社会的行政和领导的目标，与群众的利益在根本上应该是一致的。在这个意义上，政务和决策，政绩和失误，向媒体和公众公开，是领导干部的义务。从另一个角度讲，领导干部所做的一切，都是为着人民、为着国家、为着党的事业，这些都是需要通过媒体让民众了解的。如果没有问题，就不怕媒体的介入和报道，也不怕舆论的监督。现实中，一些领导干部躲避媒体的心态往往是：自己是关键人物，躲避了媒体，媒体就了解不到更多的情况，报道就可能无法写出来；可以先避开记者，然后找记者的领导，让领导出面阻止记者的采访。但实际情况往往是，记者已经从外围了解了很多情况，找领导，只是做进一步的核实；领导出面是一种态度，不出面也是一种态度，把这些过程原原本本写在报道里，可以让读者来评判。领导干部和记者之间是一种信息、资源不对称的博弈，领导干部的信息多，但是如果不直面媒体，往往非常被动。在一定意义上，媒体是在帮助领导干部做工作，领导干部没有怕媒体的理由。这一点，在面对大量负面报道和突发事件时尤为重要。

第四，以诚相待的原则。真诚，是媒体所应具备的素质，更是政府所应具备的素质。谎言始终是谎言，它凸显出的是某些领导干部面对媒体记者的迷惘和政府对待媒体的不透明、不真诚。对待媒体的态度真诚与否，决定着政府的可信任度。媒体的职责就是探明真相，在这个信息化的社会，任何谎言都有被戳穿的一天，真诚地面对媒体，邀请媒体一同解决问题，才是联结政府与媒体的正确纽带。领导干部与媒体打交道，必须以诚相待。如果领导干部确实不知道具体情况是怎样的，就可以直接说不知道，并补充说一旦得到结果，愿意立即转告媒体。如果觉得回答某些细节很别扭，可改为重点阐述最想回答的问题。

资料链接

新房开裂“好比人感冒”？

2013年3月，刚收房入住海南省海口市琼山区安置房某公寓的业主们却高兴不起来，政府组织他们团购的安置房刚装修完毕，却有多家房屋的天花板、地板出现不同程度的开裂渗水等情况。住户纷纷指责房屋“偷工减料”，表示很担心质量和安全问题。而最让人生气的是，这个“豆腐渣工程”竟然是检验合格、通过验收的。当记者采访海口市建设工程质量安全监督站分管验收的副站长吴某某时，他却语出惊人，“验收只是程序和形式，哪能逐个抽查”、“这种情况（开裂）好比人感冒了，就不能说人不行”、“施工方正找人维修处理，从技术上讲，不单单填补了裂缝，反而增加了主体结构寿命”。副站长如此“雷语”，只能说是失职又丢人。

第五，注重礼仪的原则。礼仪作为现代文明的标志之一，既是吸引他人进入社交状态的重要因素，又是领导干部形象在电视或网络上被公众认同的一个前提。所以，领导干部要把礼仪作为提高与媒体打交道中的一大课题，努力树立良好的礼仪风范，获取最佳公众效应。一要讲究仪容仪表，获取公众的认知。要根据时间、地点、场合的不同，而有所区别地“包装”自己。如在会场，就要着装严整，仪容庄重；走到田间或车间时，则要整洁朴素，表情随和。二要注重言语修养，赢得公众的尊重。面对媒体，领导干部的语气不宜过于尖锐泼辣，甚至生硬、尖厉、粗暴，说话中不要带“话把子”；要注意平易近人，平等对话，不可高高在上。三要注重把握体姿，通过能使对方产生良好印象的站立、就座姿势，以及目光、手势、表情等非语言因素，向媒体和记者传达一种知书识礼、具有一定文化修养的礼仪信息，赢得对方好感。

第六，充分准备的原则。领导干部与媒体打交道，不要打无准备之仗，要认真地对待每一次记者的采访。要做到以下几项准备工作：一是对记者采访的任何一个问题，对它的正面和反面、前因后果做全面的了解，做到心中有数。二是准备好简洁实用的应对口径，该说的绝不能含含糊糊，不该说的绝不能画蛇添足。三是在记者采访的过程中要把握身份的转变。现在许多单位都有新闻发言人，可是记者到你这个地方采访的时候，未必就找新闻发言人，在这种情况下，每一个接受记者采访的人，其身份都转化为了新闻发言人，你就应当以新闻发言人的名义来对记者讲话。

第七，主动引导的原则。领导干部与媒体打交道，要积极主动。在媒体形态多元化的当下，信息的传播速度不断加快，谁先把发生的事件发布出去，谁就占据了主动，就控制了舆论导向。此外，领导干部把发生的事情客观、真实地向媒体作介绍，这样就不会给媒体猜测、编造的余地，就能够掌控舆论的导向。当然，如果不能全部公开的，那么尽可能、尽早地公开那些能够公布的；如果能够公开的，那么尽可能、尽早地公开。主动引导就是要围绕重大政策、突发事件、热点难点问题组织发布会，发布信息，解读政策，透明决策，引导舆论，起到沟通大众、服务大局的作用。领导干部只有具有相当的政治素质、大局意识、判断能力、业务水平，成为让人信服的行家里手，才能在新闻宣传中把握好时、度、效，增强吸引力和感染力，才能在舆论引导中壮大主流思想舆论，弘扬主旋律、传播正能量，才能找准宣传思想工作的切入点和着力点，增强主动性、掌握话语权。

第八，坚持学习的原则。领导干部提高与媒体打交道的能力，一定要坚持学习。一是要通过学习，掌握信息和舆论传播的规律；二是要善于运用媒体学习各种新知识。网络和新媒体的出现给领导干部的学习方式带来了一场巨大变革，丰富的信息资源，为学习创造了极为有利的条件。

第九，接受监督的原则。领导干部要主动接受媒体监督。媒体监督，是宪法、法律和党赋予的使命和责任。对于与政府部门及领导干部有关的事件进行新闻报道和舆论监督，不仅仅是满足社会公众的好奇心和知情权，也是一个社会实现公平和正义的需要。领导干部对此应有清醒的认识，必须强化主动接受监督的意识，还要有专门的部门与媒体沟通，对记者坦诚相待。

除了以上原则，领导干部与媒体打交道时还应把握好以下五点：

其一，抓住第一时间主动沟通。只有抓住第一时间主动沟通，才能抢占有限的宣传阵地，使负面的消息、不良的消息减少。同时还要注意口径的一致性。

其二，尊重记者，热情大方，以诚相待。因为记者也是人，如果受了冷遇，或是受到不公正、不礼貌、粗暴的对待，那么记者就可能把这种怨气带到所写的稿子中去，就会激化矛盾。

其三，牢记立场和角色，不信口开河。作为领导干部，位置决定了无论在什么情况下，都不能以个人好恶、个人观点来左右工作。任何时候，在面对媒体的时候都必须客观公正、事实清楚，同时要有保密意识，要自觉维护党和政府的形象，注意保守工作中的秘密。

其四，恰当运用外交辞令。对于敏感问题或是要求提供一些具体数据，而一时又无法或不能提供的，一定要有谦和真诚的态度，从而得到记者的理解。

其五，熟悉内情，掌握大局。在接待记者的时候，一定要做好自己的功课，该掌握的情况，一定要烂熟于心。要用语准确，恰如其分，让记者能够切身感受到自己是一个称职的领导、负责任的领导。

延伸阅读

南京梧桐树被微博“拯救”

2011 年 3 月初，南京市政府为修建地铁三号线和十号线而决定将位于地铁沿线数个站点旁的梧桐树进行迁移。随后，一场名为“拯救南京梧桐树，筑起绿色长城”的活动从媒体发展到现实生活中，一些南京市民走上街头为面临移植的树木系上绿丝带，表达自己对移植树木的反对。其实早在2006年，已经发生过因为修建地铁而导致被移植的梧桐树大面积死亡的事情。在关于地铁建设和保护树木的一次投票活动中，超过半数的网友宁愿地铁改线也希望梧桐树得到保护，一些意见领袖如黄健翔、孟非、陆川等人也积极参与到活动中来，大声发出保护树木的呼吁。身在台湾的中国国民党“立委”邱毅通过微博和媒体，表达了保护南京梧桐树的决心：“这一路茂密的法国梧桐，不但已是南京的标志，更表征着对孙中山先生的怀念。我要保护的不只是梧桐，更是想唤起同属中华民族的两岸同胞，对共同历史、文化、记忆的尊重态度。”

南京市政府高度重视民意和舆情的发展，于3月14日正面回应网民，表示将广泛听取民意，与民积极沟通，承诺市政建设“原则上工程让树，不得砍树”；南京市地铁方面也表示采取一切措施做好行道树的保护和施工后的绿化恢复工作。

在以互联网等为代表的新媒体时代，公共事件会在很短的时间内传遍全国，甚至全世界，通过大范围的公开讨论形成较为统一的意见，从而引起政府部门的重视。新媒体在这一过程中发挥出重要的推动作用，它不仅充当新闻制造者的角色，而且也成为各种媒体、各种信息交汇的平台。如在“拯救南京梧桐树”事件中，各种信息几乎都通过名人微博首发，然后引起网民大量转载，形成强有力的民意汇聚平台。随着微博信息的影响力不断增大，南京市政府在第一时间积极进行沟通，提出要工程为树让路，此举既深得民心，也对公众舆论作出了极为有效的引导。

在此次“拯救南京梧桐树”事件中，南京民众实现了保护树木的愿望，政府以真诚的态度听取民意进而修改之前的决策，最终赢得了市民的信任。在媒体新时代，能够把握舆论话语权、实现有效的舆论引导对政府提高执政能力和水平有着现实意义，南京市政府在事件发展过程中正是高度重视网络舆情和其中体现出的民情民意，尊重媒体信息传播规律，最终和市民一起实现了双赢。南京市政府在此次事件中的积极做法，值得其他各地政府学习与借鉴。

第三章

树立良好的媒体形象

在媒体力量的影响下，我们进入了一个注重形象塑造的年代。媒体是政府的“梳妆台”，对政府形象具有决定性的影响。政府在公众心目中的良好形象，是一个政府存在和运行的根本条件。媒体既是政府塑造和展示自己形象的平台，也是政府自我审视的平台。在新时期新形势下，领导干部要树立良好的媒体形象，并不是去追求一个徒有虚名的华丽高贵的外表形象，而是要追求受人民群众欢迎的货真价实的好干部的形象。总之，领导干部必须明白，在树立党和政府良好形象方面，新闻媒体大有作为，任重道远。

一、媒体是政府的“梳妆台”

现代社会是一个信息社会、公众社会，政府形象对于社会稳定和发展，特别是对于推进社会主义政治文明建设，有着重要意义，而媒体在这方面有不可替代的责任。随着社会的进步，特别是信息时代的到来，媒体有时可以起到一言兴邦、一言丧邦的作用。政府需要“形象”，需要“梳妆台”。政府形象是指社会公众按照一定的标准和要求，对政府实施公共管理的活动和效果的综合认识后所形成的整体印象的评价。当今社会，媒体已经成为政府的“梳妆台”，对政府形象具有决定性的影响。

当前我国政府与媒体的关系，呈现出以下几种新特点：

第一，媒体成为政府信息传播的主要载体。信息社会条件下，政府信息及时有效地传播对推进政府工作至关重要。媒体在新时期作为党和政府的喉舌功能没有被削弱，而是得到加强，并表现出新的形式。一是政府信息从传统的主要依靠文山会海或指令性传达，转向更多依靠媒体报道向民众传播。二是媒体对政府信息传播从以政府需要为中心，逐步转向以政府需要为中心和以大众需求为中心两者并重。三是媒体报道客观上助推了政府工作。政府信息通过媒体从新闻角度大量进行传播报道，减少了中间传递层级，增强了事件的可阅读性，有利于社会大众更快、更好地认知，从而更好地达到在广大民众中全面贯彻政府意图的目的。

第二，媒体不再单纯是政府的下属部门。随着改革开放的深入，大部分媒体都已经从单纯隶属机关部门的事业单位，过渡到事业性质企业化管理的双轨制运作模式。现代媒体已经日益彰显市场特性，遵循市场经济规律办事，并把满足市场需求作为重要导向。媒体与政府的关系也不再是传统体制下单一的从属关系，不再仅仅是传统意义上管理者与被管理者的关系。

第三，媒体成为社会民众对政府监督的重要途径。目前的政体框架中对政府的监督都属于体制内监督。杜绝政府权力使用中可能存在的漏洞和弊端，还需要依靠体制外社会民众的监督。而这种监督很大程度上是通过媒体来实现的。如在云南晋宁县看守所发生的“躲猫猫事件”，很大程度上是依靠网络媒体发挥出的强大舆论监督作用，使这一事件进入到公众视野，使得其中官员的渎职行为被曝光并最终被惩处。

第四，媒体成为公众参政议政的重要通道。随着政治民主化进程的推进，公众参政议政的愿望和意识与日俱增。但由于受自身条件和客观环境的限制，不可能所有公众都直接参政议政，而作为拥有现代化手段和广泛触角的媒体，为社会公众直接参政议政提供了公开便捷快速的通道，成为公众发表意见、积极建言献策的公共平台。

从政府公共管理的角度来看，政府、媒体、公众是构成政府公共管理实践的三个基本要素，政府是主体，媒体是手段，公众是客体。政府进行公共管理，其本身就是政府运用媒体与公众进行双向交流、沟通，以期达到理解、认同与合作的活动。政府公共管理以在公众中建立、塑造和维护政府的良好形象为目标，以传播沟通为手段，既要将自身的作为和形象通过媒体展示在公众面前，赢得公众理解和支持，又要通过媒体舆论汇集民智、吸纳民意，不断调整和改善自身的决策和工作。

从媒体自身变化对政府工作影响的角度来看，在媒体高度发达的今天，媒体是政府与公众之间建立良好关系最重要的信息桥梁，保障这座信息桥梁的通行畅达和信息传递的准确、高效，是政府赢得公众支持和信任的必要条件和基本途径。我国媒体的运行体制，已从过去以传者为中心的、单一的媒体事业形态，逐步向以受众为中心的、积极参与市场竞争的媒体产业形态发展；媒体的覆盖空间，已从过去受制于行政边界的局部性、区域性覆盖，发展到借助于卫星和互联网的全国性乃至全球性覆盖。媒体对公众的影响力已经渗透到政府工作的方方面面。因此，政府必须主动协同媒体，充分发挥媒体的信息传播、新闻监督和舆论引导等社会功能，借助媒体的传播力和影响力，树立和巩固政府形象，实现政府以人为本、为民谋利，科学发展、长治久安的工作目标。

进一步讲，媒体是政府的“梳妆台”，主要表现在政府常规管理和危机管理中。具体来说：

第一，媒体是政府形象展示的平台。媒体是一座联系群众和政府的桥梁，上情下达，下情上达。媒体有自己的一套文本建构准则和表现事实的话语形式，弘扬主旋律和以全心全意为人民服务为主旨的宣传报道体系就是这种文本规则的现实体现。一般来说，公众了解政府和感知政府的进步形象更多的是通过媒体中介来实现的。政府每一项政策方针的出台，媒体不仅是信息发布者，也是信息解释者。媒体对国家政府中一系列重大方针、政策的解读，折射出的是中国政府政治体制民主化进程的日益发展，维护的是政府民主进步的形象。

资料链接

徐宝璜论媒体的最高境界

徐宝璜是最先在国内开设新闻学课程的大学教授，他所写的《新闻学》一书，也是中国最早的新闻学专著。媒体之最高境界依徐宝璜在其所著的《新闻学》一书中所说应为：“彼如预言者，讴国家之运命；彼如裁判官，断国民之疑狱；彼如大哲学家，教育国民；彼如大圣贤，弹劾国民之罪恶；彼如救世主，察国民之无告痛苦，而与以救济之途。”

第二，媒体的舆论监督促进政府形象的完善。媒体应当承担舆论监督的职责和义务，阐发和传播具有聚合力的思想体系，自觉地监督和完善社会舆论对政府形象的不良反馈。媒体的这种舆论监督功能既体现在对社会舆论的正确引导上，也体现在对政府自身不足之处的预警功能的启动上。一方面，媒体对社会舆论要进行正确的引导，积极促进社会的团结与和谐，它的这种功能主要体现在对社会舆论动向的准确把握上。另一方面，媒体对社会不良现象的舆论监督是媒体应尽的职责，也是对社会不良倾向的一种过滤。媒体这种舆论监督职责的履行本质上是为政府帮忙而不是添乱。政府作为国家行政机关主要的职责就是管理众人之事，媒体所履行的主要职责就是关注众人之事，发挥舆论的监督和引导作用，在这个层面上，两者更加体现出相互联系与相互促进的关系。

第三，媒体协助政府在危机管理中塑造形象。政府形象的传播不仅仅依靠政府形象的日常塑造，在重大危机或突发事件应对中，政府的规划能力，调配资源的能力得到集中体现，政府影响力和号召力也得以集中反映。如果处理得当，政府形象可以得到极好的提升；但如果处理不当，原来良好的政府形象极有可能毁于一旦。长期以来，我国媒体在“危机传播”中常常持非常严谨的保守态度，事实上是把社会稳定与公民知情权摆在了完全冲突的位置上。大多数突发事件在现实生活中经常表现为“天灾人祸”，政府对这类事件的处理相当慎重，唯恐造成人心惶惶和社会动荡。事实上，政府如实公布一些有关灾情的翔实数字与相关处理措施，非但不会造成社会秩序的紊乱，反而表现出的是人民的众志成城和一个务实的政府形象。

资料链接

“悬浮视察照”与政府媒体形象

2011 年 6 月 16 日，四川凉山自治州会理县政府网站发布了一张县领导检查新修公路的新闻照片，三位领导“飘浮”在公路上面，合成痕迹明显。此事 26 日被网友曝出并戏称“悬浮视察照”，立刻引发了网上热议。6 月 27 日晚，会理县政府迅速在新浪开设认证微博，公开承认由于工作人员过错发表了一张经过拼接的照片，当事人也发表致歉信并贴出两张领导考察现场原图，称县领导确实到了现场视察，只是由于原图效果不佳才进行了处理。他们的反应速度和诚恳态度立刻得到了公众的理解，会理县政府的形象不但没有因此受损，相反倒“因祸得福”增加了社会知晓度。

二、政府媒体形象的设计与塑造

政府在公众心目中的良好形象，是一个政府存在和运行的根本条件，政府有关部门有必要通过民意调查和形象分析，准确了解公众对政府的认知和评价的现状，找出政府媒体形象的不足和缺陷，从而制定政府媒体形象塑造的相关对策和措施。

政府媒体形象，主要涉及理念、行为和视觉等方面。理念系统是核心，是政府形象系统的最高决策层，反映了一个组织的基本价值理念，是驱动组织成员行为的精神力量，可看成是政府的“心”；行为系统是形象塑造和传播的关键，体现在政府制定相应的行政目标，各项决策和实施上，可看成是政府的“手”；视觉系统是政府形象的视觉要素，利用政府的建筑物、办公环境、办公用品、出版物等载体向社会公众准确、清晰传达政府作为公共管理角色的理念和行为的特征，可以看成政府的“行头”。政府形象塑造的目的绝不是为了实现自身利益的最大化，而是为了实现长远意义上的公众利益和眼前的公众利益。

资料链接

面对舆情危机“只做不说”损害政府形象

2011年8月某市近30所打工子弟学校因为存在各种安全隐

患被迫关闭，影响打工子弟学生近万人，在媒体前去采访相关区县的教委时，却未能及时得到明确答复，一时间舆论哗然。事实上，该市教委在这些学校关闭之初，就要求相关区县全力做好分流安置工作，仅某区就为此多次召开区长专题会，研究落实此项工作。虽然教育部门做了不少的工作，但面对舆情危机时“只做不说”，主动放弃话语权，信息真空导致舆论一边倒，公众纷纷指责政府漠视打工子弟接受平等教育的权利，给政府形象造成了不小损害。

塑造政府媒体形象主要应从以下几个方面考虑：

第一，坚持信息公开，及时发布新闻。党的十八大报告中明确提出“保障人民知情权、参与权、表达权、监督权”，其中，知情权被放在了首位。目前，国务院各部门、全国人大、全国政协、高法、高检等近90个部门和机构，以及31个省（区、市）人民政府都设立了新闻发言人。通过信息公开以及新闻发言人制度，政府就可以寓宣传于新闻之中，让媒体“为我所用”，通过提供信息来“掌控”信息，通过提供服务来树立自身形象。

第二，跟踪分析舆情，建立预警机制。政府不仅要发布信息，还必须随时关注各种社会热点事件、敏感话题，全面追踪、把握公众舆论的脉搏，为科学制定和及时调整公共政策提供可靠依据，这就需要政府部门具有快速、精准的舆情收集和研判能力。同时要求舆情监测人员时刻保持危机意识，培养全媒体思维方式，能够根据不同媒介特点，迅速筛选、评估出可能造成危害的信息，并制定传播策略加以预警防范。

第三，主动设置议程，有效引导舆论。传媒的新闻报道和信息传达活动以赋予各种“议题”不同程度的显著性方式，影响人们对周围世界“大事”及其重要性的判断。政府作为公共事务管理机构，其决策和行为都将对公众的日常生活产生重大影响，因此它是传媒最大和最离不开的权威信息来源。全媒体时代的来临，更加剧了各媒介之间的竞争，它们对政府这一定期信息资源的依存度也越来越高。所以，政府要充分发挥这一资源优势，主动设置议程，满足公众的信息需求和知情权，并进行舆论引导，把公众的注意力和关注点吸引到特定的方向。

第四，正确认识媒体，接受公众监督。政府部门要努力提高与媒体打交道的能力，充分发挥媒体凝聚力量、推动工作的积极作用。一方面，政府执政理念需要通过媒体传达给公众；另一方面，媒体代表公众监督并促进政府工作，是通达社情民意、通融不同需求的重要信息渠道。因此，政府部门正确认识媒体的地位、职能和作用，保持良好的媒体关系，是成功塑造政府形象的关键。

资料链接

政府机构总目标与媒体形象实现过程示意图

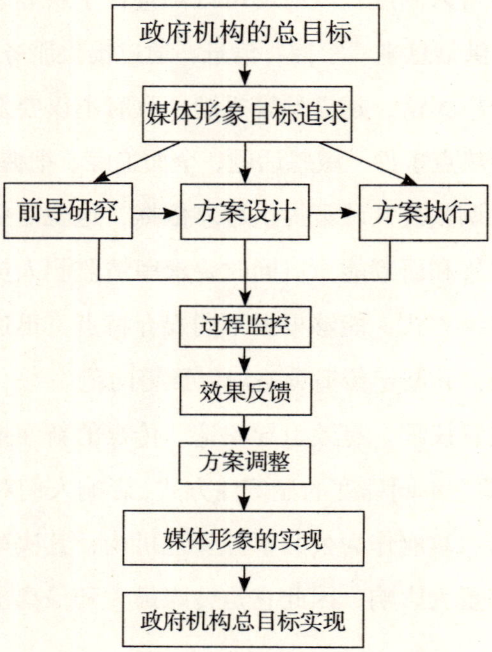

值得强调的是，一个政府的好形象，就是真心实意愿意为老百姓办事，尊重规律善于为老百姓办事，吃苦耐劳踏实为老百姓办事。这样的政府就会得到人民群众拥护，赢得人民群众的加分；反之，脱离了人民，就会被人民群众扣除分数，最终遭到人民群众的唾弃。

总之，形象就是权威，形象就是力量，形象是一种导向，形象也是先进生产力，有了好的形象，才能有很好的影响。在树立党和政府良好形象方面，新闻媒体大有作为，任重道远。只要在正确引导舆论这方面，不失语，不缺位，不越位，恪尽职守，就一定能在社会主义政治文明建设中作出更大贡献。

三、领导干部媒体形象的设计与塑造

在媒体力量的影响下，我们进入了一个注重形象塑造的年代。作为领导干部，受到现代政治传播学的影响，开始注重自己在媒体面前的言谈举止，以期待获得公众的认可和支持，从政治传播的角度看，这是一种进步。

可以说，党政部门的领导干部的形象是政府形象的人格化。领导干部是政府行为的实施者，是沟通行政主体与公众的最重要的活的纽带。因此，在一般公众的心目中，领导干部就是政府形象的缩影，他们的言行不仅代表他们个人，而且代表政府。每一个领导干部也都是政府形象的生动载体。

领导干部的形象作为一种公共形象，不只是外表形象，而是“物理”形象、“形体”形象与“人格”形象、“伦理”形象的统一。前者是指一个人的形体外貌，是后者的物理基础；后者是指一个人多元因素构成的精神品，表现为形象所包蕴的伦理性和评价性，是一种被社会评价、认同的正义性、价值性的东西。从体形、服饰、容貌到发型甚至语言，这些外在的东西往往能直观地给人以强烈的第一印象，因此古今中外的著名领导人大都注意保持一个良好的形体形象。事实上，大凡成功的领导人的公共形象，必然是那种被公众所广泛接纳、广泛认同、广泛信服、广泛拥戴的形象，必然以其真理和人格的力量而具有巨大的心理说服力；而大凡有着“信任危机”的领导人，必然承受人们心理排斥和心理逆反的压力。领导干部的媒体形象之光，最为根本的，是来自于他们内在的人格之美、人性之美、人情之美。

领导干部媒体形象一般表现在以下几个方面：

第一，穿着形象。生活中人们强调“第一印象”，而穿着是决定“第一印象”的重要因素。因此，很多领导干部在不同的场合，其服饰会根据客观环境的变化而作出调整。在外交场合往往是西装革履，而深入民间的时候则一身素朴，轻装简行。在媒体报道中我们会发现，国际政坛中的大国领袖们，他们非常重视服饰和外表的策划，在很多政治事件中给世人留下了深刻的印象。如布什在伊拉克战争期间，当他会见军方将士的时候，经常身着迷彩服，挽起衣袖，给人以干练坚决的印象，塑造了一个“战时总统”、“反恐总统”的形象。

资料链接

APEC峰会上领导人的服饰

自1993年首次召开APEC峰会以来，参加APEC峰会的领导人会穿什么样的传统服饰亮相，成为了人们关注的一个焦点。

1993年，首次APEC领导人非正式会议在美国召开。会议一开始就决定以非正式的形式进行：不设主题，领导人不带助手，自由交谈。美国时任总统克林顿就穿着牛仔裤，颇具特色。

1994年APEC峰会在印尼茂物举行。印尼总统量体裁衣，为每位领导人送了一件BATTIK（一种蜡染印尼衬衣），花色各异。

1995年APEC峰会在日本大阪举行。领导人穿着都比较随意。

1996年APEC峰会在菲律宾苏比克举行，菲律宾总统送每位领导人一件“巴隆”（菲国服）。

1997 年 APEC 峰会在加拿大温哥华举行，加拿大总统克雷蒂安送给出席者每人一件特别的牛皮夹克。

1998 年 APEC 峰会在吉隆坡举行。东道主马来西亚给每位客人送了一件色彩艳丽、极富热带情调的马来衬衫。

1999 年 APEC 峰会在奥克兰举行。领导人的“制服”是由新西兰享誉世界的优质羊毛制成，包括一件帆船夹克、一件长袖马球衬衣及一条黑裤。蓝黑色夹克左胸前绣着的白色羽毛是新西兰国树银蕨树叶的形状。

2000 年 APEC 峰会在文莱举行。各领导人穿的是一种叫“MIB”的衬衫，因为它最具文莱特色。

2001 年 APEC 峰会在上海举行，唐装理所当然成为了此届峰会的领袖服装。

2002 年 APEC 在墨西哥举行。各领袖的服装是墨西哥东南沿海地区印第安人爱穿的一种当地叫“瓜亚贝拉”的白衬衫。“瓜亚贝拉”在墨西哥的近邻古巴很盛行，被称为古巴的“官服”。

2003 年 APEC 峰会在泰国举行。泰国政府为各方首脑制作民族服装的面料为泰丝。这种织入金线的丝绸显示了泰国丝织行业最高超的技术，一直是皇室的专属服装，直到二十世纪才允许平民穿着。

2004 年 APEC 峰会在智利举行，这次领导人在照相时，智利推出的民族服装是传统的套头披肩“查曼多”。据说，这种服装源自智利的“牛仔披风”，每件衣服需要巧妇连续工作四个月时间才能做成。

2005 年 APEC 峰会在韩国釜山举行，韩式大褂“图鲁马吉”是此届峰会的领袖服装。

2006 年 APEC 峰会时，领导人们穿上俗称“奥黛”的越南服饰，女士的衣服看起来很像中国旗袍。

2007 年悉尼 APEC 峰会的各领袖会穿什么“民族服装”，主办方一直保持高度神秘。直到各领袖在世界媒体前亮相之时才揭晓：原来澳洲选择了深褐色的皮夹克。

2008 年 APEC 第十六次领导人非正式会议在秘鲁首都利马举行，各成员国领导人在会后身着南美披风合了影。

2009 年 APEC 峰会在新加坡举行，与会各成员国领导人身着新加坡特色服装合影。

2010 年 APEC 峰会在日本横滨召开，与会各成员国领导人轻装上场，绝大多数仍穿西装，只是拿掉了领带。

2011 年 APEC 在美国檀香山举行的峰会及 2012 年在俄罗斯符拉迪沃斯托克召开的峰会上，各国领导人放弃穿当地的民族服装，选择了穿正装。

第二，职位形象。我国政治生活中，领导干部形象虽然受个性因素影响，但更受职业角色所规范。处在特定的行政环境中，程式化的传统领导干部形象往往会在无形之中发生作用，影响各级领导干部。这就要求领导干部在求同的同时注意求异，在合理的范围内突出自己的个性魅力和政务特色。

第三，工作形象。领导干部在日常行政过程中显现出的行政风格，就是他们的工作形象，亦即政务形象。一般来说，下列风格会影响领导干部的媒体形象：一是抓小失大、事必躬亲的风格；二是违背民意、一意孤行的行为和风格；三是不符合身份、职级的“常识性错误”。这里需要说明的是，领导抓的事情，事之大小主要是从全局性和方向性角度而言的。

第四，会议形象。现代许多会议都由媒体公开报道，会议不仅是行政过程中重要的行政活动，也是公众了解领导干部风格、能力和形象的通道。会议，既要“会”，也要“议”。有会无议，会而无果，这样的会议必然影响政府及领导干部的媒体形象。该开的会要开，但开一个会就一定要解决一个或几个问题，产生好的效果。当然，会议一定要节约成本，控制质量。同时，要少开会，能不开的尽量不开，能开短会的尽量短，做到少而精。

第五，视察形象。在我国，视察调研是频率很高的行政活动，是展示领导干部形象的重要平台，也是稍不注意就会影响形象的场景。尤其是走马观花、蜻蜓点水式的视察调研，前呼后拥、兴师动众式的视察调研，只看亮点、装扮作秀式的视察调研，都会带来极大的负面影响。视察调研都要有主题或“问题”意识，着眼于了解真相、解决实际问题，力避作秀和形式主义。无论是“低调”的深居简出，还是特定情况下的高频出镜，都要从实际出发，做到恰到好处。

第六，言语形象。现代领导干部都应该用民主的手段来行政，重视寻求媒体支持来实现他们的政治理想。而媒体传播虽然没有强迫性，但是它能够通过议程设置左右公众的议题，进而赢得公众的支持。所以通过媒体说服公众，已经成为了新一代领导干部的重要工作。言语形象主要体现在领导干部的讲话和书籍文稿中。在今天的传媒政治时代，领导干部言语形象的重要性，几乎可以不用明说。作为现代的领导者，不仅要会讲话，能够脱离稿子讲，能够随意交流讲，能够如数家珍讲，而且要能够发挥语言的独特魅力，并尽可能在不同的场合用不同的语言讲。至于书籍文稿，更要体现个人风格，避免千篇一律。

资料链接

乔冠华“义正词严”

1971 年，乔冠华率团出席第 26 届联合国大会，一位心怀鬼胎的西方记者恶意提问：“乔先生，你对大会恢复中国席位的决议有什么想法，是否感到突然？”乔冠华义正词严地说：“我一点也不感到突然。用中国的一个成语来说，这叫水到渠成。联合国作为国际机构，总不能把中国这么一个泱泱大国老排斥在外吧。有的国家的外交不是采取现实主义的政策，而是像鸵鸟一样，把身子往沙堆里一钻，便以为自得其乐了！其实呢？它往沙堆里钻得越深，就愈显得它不聪明。臀部还露在外面嘛！”乔冠华的一席话一针见血地批驳了西方某些国家的“鸵鸟外交政策”。

第七，危机形象。领导干部现场反应能力和危机处理能力是自身媒体形象的综合反映，它直接决定着领导干部媒体形象的最终定位。现代社会突发事件防不胜防，事件的破坏力也越来越大，领导干部在突发事件面前的作为，将直接影响公众对他的整体看法。随着世界变动的加快，变动失序的几率在加大，领导干部应该有“危机常态化”的意识。危机既是危险，也是机遇。危机具有集合效应，它能够激励公众放弃分歧，采取统一行动应对危机。此时，如果领导干部身先士卒，公众很容易和他站在一起，从而提升领导干部的号召力。

四、领导干部媒体形象的提升

长期以来，领导干部在公众心目中的形象比较模糊单一。公众一般是通过媒体看到领导干部，或前呼后拥视察工作，或者正襟危坐在召开会议，显得不够亲近，也缺乏个性。孔子曰“君子重而威”，验之于领导干部，就是要庄重、持重，给人威严而神秘的感觉，从而形成领导干部的权威。基于这种传统政治文化，加上数字化政绩考核模式，领导干部对自己媒体形象问题考虑不多。但是经过30多年的改革开放，政府与人民、领导干部与民众的关系发生了深刻变化。领导干部随时都需要面对权利觉醒的公众，而公众正在变得越来越挑剔。领导干部每天到哪里去，做什么，说什么，态度如何，都成了公共问题和公共话题。随着互联网等新兴媒体的发展，领导干部的言谈举止随时可能被网民发布在网络上并引发广泛讨论。那么，在新的媒体环境下，领导干部应如何运用媒体提升自身的媒体形象呢？

现代领导干部都感觉到媒体力量是强大的，他们期望通过媒体来塑造良好的形象，确立自己在民众中的身份和地位。然而，领导干部的形象并不是唯一的，它以不同的形式存在于现实空间、媒体渠道和公众内心。领导干部的客观形象存在于现实空间内，它是领导干部活动的原始形象；媒体形象是媒体“把关人”对客观信息进行选择、加工、编码后产生的领导干部形象，它是符号化的形象；公众形象则是公众接受媒体信息后，经过自我信息加工，在头脑中形成的领导干部形象。从领导干部形象的形成过程看，公众难以直接认知领导干部，他们必须通过媒体中介，才能形成领导干部的“形象”。

资料链接

领导干部形象与社会环境的关系

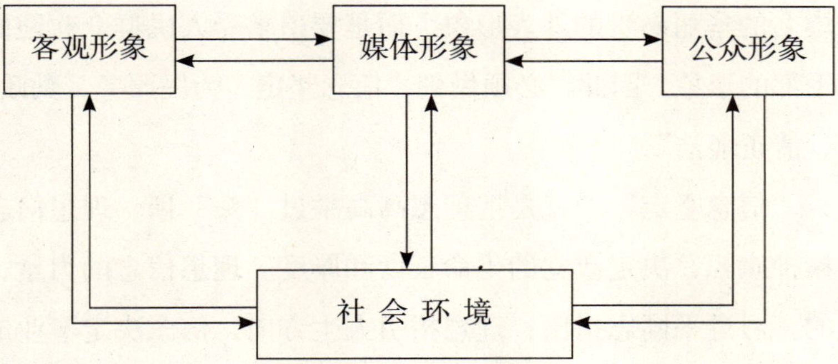

今天的媒体深深地影响着人类的生存。媒体对日常生活的渗透，正在改变着人类生存的法则，只有顺应媒体时代新规则的人，才有可能超越人类原有的力量，获得意想不到的成功。因此，媒体化的时代，领导干部应该利用媒体积极塑造自身形象。

第一，要善于运用新媒体主动发布重要、权威信息，占据信息发布制高点，构建自己的媒体舆论场，增强党和政府意志的社会化程度和贯彻力度。

第二，要充分利用网上调研等新媒体方式，征集群众意见和建议，准确把握舆情，了解民情民意，汇集民心民智，为引导舆论和正确决策提供科学依据。

第三，要通过新媒体方式与群众零距离对话，直接、主动与基层群众交流想法，深入了解纷繁的利益需求和复杂的社会心理，提高党和政府的感召力与影响力，提升党和政府的形象。

第四，要自觉接受新媒体监督。面对比较激烈的网络舆论，要摆正位置，坦诚面对，科学分析网络舆情的性质，及时发布正确权威的信息，与关注事件者沟通对话，疏导群众情绪，负责任地处理和补正，以取得群众的谅解，避免事件矛盾升级，争取在舆情发展的潜伏期和初期进行处理，提升党和政府的公信力。

在新时期新形势下，领导干部要树立良好的媒体形象，并不是去追求一个徒有虚名的华丽高贵的外表形象，而是要追求受人民群众欢迎的货真价实的好干部的形象，因此，必须做到“信念坚定、为民服务、勤政务实、敢于担当、清正廉洁”。

第一，“信念坚定”，就是把理想高高举过“头”顶。理想信念是一个政党的精神旗帜，决定政党的生命长度和厚度。理想信念的力量，是无形而巨大的。习近平同志指出，理想指引人生方向，信念决定事业成败。没有理想信念，就会导致精神上“缺钙”。理想的动摇是最危险的动摇，信念的滑坡是最致命的滑坡，必须引起高度重视。党员领导干部要坚持“革命理想高于天”，做共产主义远大理想和中国特色社会主义共同理想的坚定信仰者和忠实践行者，志愿为实现中华民族伟大复兴的“中国梦”而奋斗。

第二，“为民服务”，就是把宗旨深深烙在“心”里。全心全意为人民服务是党的根本宗旨，群众路线是党的生命线和根本工作路线。能否牢记宗旨、心系群众、服务人民，是衡量领导干部是否合格的试金石，也是人民群众对领导干部进行取舍的关键点。好的干部，想问题、办事情、作决策会自觉把人民“拥护不拥护、赞成不赞成、高兴不高兴、答应不答应”作为价值取向和衡量尺度，致力于实现好、维护好、发展好最广大人民的根本利益，保持同人民群众的血肉联系。

第三，“勤政务实”，就是把发展紧紧抓在“手”中。一个干部能当多大的官、安排什么样的职位，不仅取决于自身的能力水平，还取决于事业需要；而发挥多大的能量、干出多大的成绩，是可以通过自己的努力来实现的。“一个行动，胜过一打纲领。”好的干部，谋发展、求进步坚持按照客观规律办事，求真务实、不玩虚招，真抓实干、不务虚功，把工作的着力点放到研究解决改革发展稳定中的重大问题上，放到研究解决群众生产生活中的紧迫问题上，创造无愧于人民、无愧于时代、无愧于历史的业绩。

第四，“敢于担当”，就是把责任稳稳扛在“肩”上。领导就是责任，当官必须尽责，权与责从来都是相依相随的。担当大小，体现一个干部的胸怀、勇气和格调，有多大担当，才能干多大事业。好的干部，讲真理不讲面子，讲原则不和稀泥，他们敢于正视问题不回避、承担责任不推诿、直面矛盾不上交，平常时候看得出来、关键时刻站得出来、危急关头豁得出来。而那种不求有功、但求无过的“太平官”、“老好人”，注定会为老百姓所唾弃。

第五，“清正廉洁”，就是把名利远远抛在“身”后。当今世界，人的价值理念多元碰撞和交锋，金钱的崇拜令心志几近颓丧，诚信的丢失使社会滑向畸形。一个领导干部最后的成败，往往取决于是否恪守“清廉”二字。好的干部，有一个“百毒不侵”之身、“金刚不败”之躯，为官从政把住一个前提：不谋私，守住一条底线：不腐败，物欲横流面前始终保持恬淡宁静的心态，“不以物喜、不以己悲”，看事业重如山，视名利淡如水，怀一身正气、洒两袖清风。

延伸阅读

周恩来：天生的外交家

建国后周恩来以政府总理的身份兼任外交部长达9年，后来不兼外交部长的职务但仍然主管外交工作，在长达26年的岁月中，他以决策人、指挥者和实践家三位一体的身份，以惊人的精力和非凡的才能，为新中国外交事业作出了不朽的贡献。从外貌、衣着、语言、行为等多个角度讲，他堪称“天生的外交家”。

1949年，新中国一成立，在全党全军享有极高威望的周恩来就被任命为中华人民共和国政务院总理兼外交部长，百废待兴，其国务院活动之频繁，外交活动之众多，可想而知，国务活动尤其是外交活动，要求衣帽整洁，自然不能与在解放区时着一身土布衣服同日而语。

为了使周恩来总理衣着能够体面一些、光鲜一些，1949年初冬，工作人员建议给周恩来总理做一套好一些的进口毛料中山服，邓颖超也同意了。当时实行供给制，干部的衣食住行包括子女的抚育均由国家负责。莫说给周恩来总理做一身进口料子的呢子衣服，就是做两套三套，政务院事务管理局也会给报销。但是，周总理说，现在国家还很困难，做那么好的呢料没必要，做一套国产料子的就行了。后来，工作人员拿来几块国产呢料的样品，经他亲自选定做了一套国产藏青呢子的中山装。也正是这套国产藏青呢子中山装，后来引发了周恩来总理办公桌不用玻璃板而用桌布、办公室戴套袖和外出时眼镜盒里放圆珠笔的故事。

在一次外交部举行的记者招待会上，周恩来介绍了我国经济建设的成就及对外方针后，回答记者提问。一位西方记者提问道：“请问，中国人民银行有多少资金？”这实际上是讥笑我国建国初的贫穷。

周恩来正色作答：“中国人民银行货币资金嘛，有18元8角8分。”全场愕然，鸦雀无声。周恩来以风趣的语调解释说：“中国人民银行发行面额为十元、五元、二元、一元、五角、二角、一角、五分、二分、一分的10种主辅币人民币，合计为18元8角8分。中国人民银行是由全中国人民当家作主的金融机构，有全国人民作后盾，信用卓著，实力雄厚，它所发行的货币，是世界上最有信誉的货币之一，在国际上享有盛誉。”周恩来一语惊四座，大厅内顿时响起了听众的热烈掌声。

在日内瓦会议期间，一个美国记者先是主动和周恩来握手，周总理出于礼节没有拒绝，但没有想到这个记者刚握完手，忽然大声说：“我怎么跟中国的好战者握手呢？真不该！真不该！”然后拿出手帕不停地擦自己刚和周恩来握过的那只手，然后把手帕塞进裤兜。这时很多人在围观，看周总理如何处理。周恩来略略皱了一下眉头，他从自己的口袋里也拿出手帕，随意地在手上扫了几下，然后——走到拐角处，把这个手帕扔进了痰盂。他说：“这个手帕再也洗不干净了！”

美国前总统尼克松在《领导者》一书中说：我1972年访问中国期间，周恩来无以伦比的品格是我得到的最深刻印象之一。通过多次长时间的正式会谈和非正式交谈，我终于了解了他，并对他产生了极大的敬意。“恩来”译成英文是“恩惠降临”之意。这个名字很能概括他的风度和气质。他待人很谦虚，但沉着坚定。他优雅的举止，直率而从容的姿态，都显示出巨大的魅力和泰然自若的风度。在个人交往和政治关系中，他都忠实地遵循着中国人古老的信条：决不“伤人情面”。

第四章

掌握应对媒体采访的艺术

接受媒体采访，既是领导干部宣传发动群众的重要方法，也是满足公众知情权、监督权的重要渠道，同时，也是领导干部展示个人良好形象的重要途径。领导干部应对采访时应谨记：不打无准备之战，慎用“无可奉告”；把握五大原则，做到“八不要”；变被动为主动，从容直面各种问题；审时度势，对媒体巧妙说“不”。随着报纸、广播、电视、互联网等大众传媒的蓬勃发展，媒体已经成为政府与公众交流沟通的载体和平台，因此，领导干部要注重自我修炼，努力提升媒介素养，做一个“会说话”的人。

一、不打无准备之战，慎用“无可奉告”

随着经济和社会的发展，公众越来越多地要求领导干部行为公开化、透明化。接受媒体采访，既是领导干部宣传发动群众的重要方法，也是领导干部满足公众知情权、监督权的重要渠道，同时，也是领导干部展示个人良好形象的重要途径。接受采访前领导干部的准备工作做得是否到位直接关系到采访活动的成功与否。“不打无准备之战”是毛泽东在战争时期的经典名言。虽然领导干部接受采访和打仗不同，但事先做好准备还是很有必要的。

第一，要检查自己的着装是否得体。接受媒体采访，领导干部代表着政府形象。衣着款式、颜色要尽可能协调、符合自己的身份。鞋子、领带要简约大方，首饰和其他配饰也应当遵循越少越好的原则。

第二，了解记者的来路和采访目的。首先应该知道记者是哪家媒体的，采访什么，目的是什么，以什么方式和什么时间发稿……只有弄清了这些基本情况，才能决定是否接受采访和有针对性地进行准备。当然应尽量选择客观公正和有代表性的媒体。严肃的事情应选择严肃的媒体，如辟谣、澄清事实、道歉等应选择严肃的媒体，否则可能会出现相反的效果。

第三，查阅热点、焦点相关资料、背景情况及信息来源。在接受采访的过程中，对不同的媒体要“喂给”他们马上就能“吃”的“素材”，领导干部就需要提前了解媒体的一举一动，知道记者在采访过程中想要得到什么新闻。那么，领导干部通过哪些方式来做好接受采访前的资料和信息准备工作呢？一是列席重要的会议、见证重大决策的早期讨论和产生过程，信息来源于高层领导者；二是每日追踪媒体的报道，了解舆论的热点和焦点问题；三是到事发现场进行调查获取信息。

第四，事先预测记者可能问到的问题，准备好口径。一般来说，记者的兴趣和注意力主要放在临近采访前发生的事情上。因此，这些问题在准备时应给予充分细致的考虑。领导干部接受媒体采访或参加记者会前，需要知道记者可能提出的问题。这时领导的下属就可以像一名记者似的，向领导干部展开一次“预采访”，使得他对每个细节都烂熟于胸。必要时，还要加强与上级领导的沟通。接受采访前一般也可以要求记者提供问题单，然后根据问题单进行相关准备。但有时记者会不完全按问题单或者完全撇开问题单进行提问，提出一些领导干部事先没有准备的问题。如果领导干部不回答，往往双方都会难堪，所以对有关其他问题、敏感问题也要相应进行一些准备。

第五，就有关采访和发稿等问题进行了解和约定。比如，是否允许记者在报道中直接引用你的语言和名字？如果“不同意发表”，即有关采访内容只能作为参考背景，记者在报道中不能引用你的话，更不能提你的名字。再者，是否全文登载，是否同意剪辑，如果不能全文登载，谁负责删减等。

资料链接

干部与媒体过招要“备而有为”

随着媒体影响力的不断提升，媒介素养已成为领导干部的必修课。

有“备”，是要有应对媒体的勇气。媒体是政府与公众交流沟通的平台，领导干部要善待、善用媒体，勇于面对质询、主动回应期待、敢于接受批评，这也是政府对群众和社会高度负责的态度。面对媒体，领导干部要积极发声，既要如实相告，又要理智应答，少来“长、空、假”，多来“短、实、新”，让群众及时了解政府的态度和行为，保证群众的知情权。领导干部平时要注重学习，提高应对媒体的能力和水平。只有时时有“备”，才能临阵而不危。

有“为”，是要有解决问题的魄力。媒体采访一般会涉及到热点、敏感问题，仅仅靠含金量很高的嘴上功夫是不能让公众信服的，公众想要看到的是表态后的后续跟进和问责整改，而不是“虎头蛇尾”的“半拉子工程”。政府和官员如何改进工作让公众满意，如何通过努力扭转舆论导向，才是面对媒体质询之后的着力点。作为领导干部，不仅要在事后有“为”，更要作“为”在前，将工作做到前面，切实发挥好服务的本色，提高政府的公信力。

现实中，一些领导干部不敢面对记者，甚至把记者看作“麻烦的制造者”，面对媒体的采访、询问、质疑，往往不知所措，甚至缄口不言。一些部门在接待媒体和服务记者时，不知道记者需要什么，把握不准新闻“卖点”，提供的服务既不适合记者的口味，也不符合组织采访的初衷，效果适得其反。遇到敏感问题缺乏思想准备和工作准备，“一躲、二查、三封堵”，碰见记者采访就推诿、扯皮，结果放弃了话语权，甚至造成了负面影响。不敢见媒体，见了媒体不敢说，张了口不知道该说什么……一些领导干部出现这些“怪症”，除了在接受采访之前没有做好充足的准备之外，还有以下几点原因：

第一，认为与媒体打交道耽误时间。毋庸置疑，但凡领导干部，除专门负责与媒体打交道的领导干部外，如果经常要专门腾出大量时间用于应对媒体，势必会影响其日常工作的开展。

第二，认为自己的政绩与媒体关系不大。有些领导干部坚信：毕竟政绩最终是要靠成绩单来说话的，在踏实做事、多出成绩和分心费神与媒体“陪聊”之间，孰轻孰重，他们心中自有判断。

第三，担心自己被媒体关注“过多”。有些领导干部担心媒体对己关注过多，易使自己滋生浮躁、盲目自大，遂不能沉下心来冷静地审视自身短处，不能进行理性的思维和作出正确的决策。

第四，自己与媒体交流的能力有待提高。有些领导干部自身文化素质不高，并且不擅辞令，个别人甚至连普通话都说不好，与媒体交流，无异于“鸡同鸭讲”，沟通都有障碍；或者，他们对于同媒体打交道缺乏经验和技巧、对于媒体传播缺乏系统了解、对于“新闻棒杀”的局面自感难以掌控……在上述情况下，与其公开“出丑”，不如退而藏拙，倒还能避免形象受损。

向公民及时公开信息是政府的责任和义务。国务院办公厅2013年7月1日发布的《当前政府信息公开重点工作安排》通知强调，要大力推进重点领域信息公开，努力提高公开实效。但是，由于过去存在怕暴露“阴暗面”的落后观念长期束缚人们的思想，一些领导干部对社会上的不良现象、工作中的问题、失误甚至自然灾害造成的生命财产损失总是自觉不自觉地加以掩盖，于是，一些领导干部平时“躲”着媒体，“一不小心”见了媒体，干脆来个“无可奉告”，然后“三十六计走为上”。

资料链接

别拿“正在调查”敷衍舆论监督

在社会关注的热点事件发生后，有关方面大都会第一时间站出来表态“正在调查”。起初，我们会欣慰于这种雷厉风行的态度，然而，随着时间的推移，“正在调查”却往往成了不变的现在进行时。每当公众问起，一些部门都是这一外交辞令，究竟有没有调查、进展到哪一步，人们不得而知。直到新的热点新闻出现，转移了公众视线，有关部门的调查便跟着舆论关注一起悄然退潮，而事件真相和问责追究也就没了下文。

拿“正在调查”敷衍舆论监督，极大损害了政府部门的公信力。出现问题并不可怕，关键是正视问题，汲取教训，不断修正我们的工作。有关部门的“一拖二慢三糊弄”，看不到其深刻反思和实质努力，无疑会让公众感到失望。如果说负面事件的发生对公众是第一次伤害的话，那么调查结果三缄其口，事件真相雾里看花，无疑会造成第二次伤害，并进一步损害政府部门的公信力。

各级领导干部在接受采访时，应该尽量少说“无可奉告”，原因在于：

第一，“无可奉告”这个词在中文上所表达的意思，与英文的翻译似乎并不完全重合。在中文表达上显得更生硬、冷淡一些，有时，似乎还有“不屑一顾”的意思，显得对提问人有点不恭敬。

第二，从加强宣传的角度，多提供信息、多宣传是领导干部义不容辞的责任。领导干部如果经常对什么事情不知道，或没有把握、拿不准，以“无可奉告”一推了事，很有可能会被认为其对业务不精通，甚至渎职。

第三，“无可奉告”这个词本身有特殊含义，有时可理解为默认，暗含“我知道，但我不说”之意。以为说“无可奉告”，就是没有表态，这是错误的。据一项研究表明，65%的人在听到这一词时会认为你实际上已经默认。

第四，在危机和突发事件发生期间，涉及危机或事件本身的问题，不能使用“无可奉告”这个词。处于危机中的公众对信息无限渴望，说“无可奉告”，会给人一种冷漠无情和不合作的印象，易丧失公众信任。

美国著名社论作家、记者杰克·海敦曾经说过这样一句话：“如果是一个敏感的问题（如果记者找到你的头上那就很可能是这样），那你就不要指望通过不予合作的办法来隐瞒事实。出于自尊心，大多数记者会日夜工作，就是要把新闻挖出来——即使是从你的尸体上爬过去也在所不惜。”遇上了穷追不舍的记者，领导干部或者新闻发言人的“无可奉告”将失去所有抵挡效用。因此，应对记者最好的办法就是与他们坦诚沟通，如果确实是自己不知道的，也应该帮助他们联系到有关知情单位。

资料链接

戈尔的明智之举

1987年参议员戈尔参加美国总统竞选。在一次电视访谈中，主持人问起了他吸食大麻的问题。在众目睽睽之下，戈尔尴尬地沉默了很久。事后，戈尔采取了一个补救办法：和他的助手字斟句酌地拟定了一个讲话稿，发出了自己理性的声音，“如同与我同时代的许多人一样，我的生活反映了时代的特征。六十年代是一个变革时期，是一个国家成长、成熟、走出冷战、尽力解决越战问题和找回自己的时期。我们犯了错误，但是我们从这些错误中吸取了教训。作为一个国家和作为一个人，这些经历使我们更加强大。”戈尔发表了这个简短的讲话后，有人认为他会为此断送前程，但很快地，一个参议员和一个众议员也先后承认自己曾经吸食过大麻，舆论释然了，戈尔也获得了成功。

以前，对媒体提问三缄其口或打定主意不让人听懂自己的话、顾左右而言其他，是西方政要应对记者的常规武器，是公众人物特别是政界要人或者他们的新闻发言人与记者们长期博弈中发明的一件政治技术产品。究其因，新闻的主要功能是传播信息，是一种信息输出活动；而宣传的主要功能是传播观点，是一种观念输出活动。政界要人或代表政府立场的新闻发言人召集媒体，主要的目的是通过他们来输出某种观念，而媒体却希望能够充分披露信息。因此，面对媒体的穷追猛打，出于种种目的，公众人物或新闻发言人有时迫不得已就频频用“无可奉告”来应对各路记者。

当然，过多使用“无可奉告”显然是与“增加透明度，加大信息量”原则相违背的，但也不是绝对不能用。主要看在什么场合，看面对的是什么问题，不能一概而论。

“无可奉告”，就是对问题“不予评论”、“没什么要评论的”、“没有什么要说的”之意。“无可奉告”这个词虽然现在许多部门发言人或领导干部都很少使用或已不用，但“不予评论”、“没什么要评论的”、“没有什么要说的”之类的表态却是新闻发言人常用的语言，不仅是中国新闻发言人也是外国新闻发言人常用的语言。此外，记者的问题是五花八门的。什么样的记者都有，所以什么问题都可能会被问到。记者既会问一些正面的寻求信息的问题，也可能会问一些无聊和隐私的问题，或者完全就是想刁难一下被提问者。在这种情况下，用“无可奉告”应该说是正常的，并且也丝毫不违背“增加透明度，加大信息量”的原则。因为在这种情况下，没有必要“增加透明度，加大信息量”。

现在国内有些地方规定面对媒体时不准说“无可奉告”，出发点是好的，是想对各级领导干部起到一种督促作用，但有点绝对化，从一个极端走向了另一个极端。

实事求是是马克思主义的精髓。承认问题、缺点乃至错误，接受舆论监督和人民群众监督，其实无损我们取得的成就，无损我们的根本制度，相反，只会促进我们工作的不断改进和事业的不断发展。事情既然已经发生，问题既然已经出现，政府及领导干部不妨及时准确地通过媒体发布相关信息，告别“无可奉告”，勇敢地“说”出来，这对于获得公众的理解和支持，对于提高政府的公信力，改善政府与人民群众的关系和建设社会主义和谐社会，都有着非常重要的意义。

二、把握五大原则，做到“八不要”

领导干部接受记者采访，除了事先准备，还得了解记者提问的特点，回答提问还要把握一定的原则。

记者的提问往往有如下特点：其一，涉猎问题的广泛性。谈话一般有个“话题”，但记者的提问则很容易漫无边际。从轰动全球的国际事件，到使你面红耳赤的生活隐私，没有一样不是记者所关心的。其二，发问的突然性和要求回答的及时性。首先，记者居于主动进攻的位置，在更多的情况下，你是要随着记者的意图走的，一问一答的形式，使你不可能有一个系统而严格的思维程度。其次，记者的提问往往是很突然的，带有明显的跳跃性。一个问题和另一个问题完全可能是毫无关系的，这使你摸不清记者在想什么。再次，对于对方的问题，要求你必须迅速地作出反应，对此你根本无法充耳不闻。可以说，迅速准确恰到好处的回答，是“征服”记者的关键。其三，可能带来心理上的压力感。多数人在记者面前都会感到局促不安，记者的态度、表情、语气，再加之某些场合下摄影器材在你面前近于“无理”的晃动，集合起来对被提问者的心理构成一种强大的压力。因而，对于一位初次接受采访或者经历不多的领导干部来说，在这种场景中惊慌失措，语无伦次，或举止失当等都是不足为怪的，被提问者应当设法从主观上减轻或解除这种压力的作用。

领导干部在回答记者提问时，应力求把握以下五大原则：

第一，客观性原则。领导干部必须清楚，如果他对记者撒谎，就会连累记者，导致记者向公众撒谎的恶劣后果。领导干部不讲真话，就会失去民心，媒体不说真话，就会失去存在的合理性。在回答记者提问时，领导干部可以采取一定的策略，增强回答的客观性。一是利用可靠信息来源和引语，增强权威感、增强客观性。在回答中交代信息来源和大量使用引语的风格，会使新闻报道显得更加客观。比如，直接引语和间接引语的大量使用是西方通讯社运用最多的新闻修辞手段。二是运用相关数据，增强准确性。要知道，“新闻话语的修辞还通过确切数字所隐含的精确性来强烈地暗示其真实性”。而且，真正重要的并非数字的精确性，“而是通过数字表现出来的事实”。三是通过争论中的多方观点呈现，增强公正性。因为主观臆断和发表自己的看法历来被视为报道的最大禁忌。

第二，政治性原则。领导干部在接受媒体采访、回答记者提问时，一般代表政府的声音。因此，遵守政治纪律、把握政治底线、严守政治秘密，就成了领导干部接受记者采访的一大注意事项。

此外，领导干部在回答记者提问的时候，他和上司以及记者的关系的性质会完全显露出来。所以，在回答记者提问之前，领导干部必须要知道他的角色允许他说什么。政治性原则的另外一层含义在于：要统一口径，与领导和上级保持绝对一致。

资料链接

相冲突的赦免信息

尼克松因“水门事件”丑闻而辞职后，福特成了总统椭圆形办公室的主人，他向全国声明：“我们全国性的漫长噩梦已经结束。”前众议院议长和长期担任国会议员的福特决心要恢复总统的信誉，并发誓在他担任总统时的所有活动中要襟怀坦白，办事公正。福特的新闻秘书特霍斯特说：“尽管尼克松和福特二人关系密切，福特大概不会赦免对尼克松的刑事起诉。”但福特在他上任一个月后就签字赦免了尼克松。这一决定显然与特霍斯特早前发布的福特不会赦免对尼克松的刑事起诉的信息相冲突。特霍斯特立刻宣布辞职。在离开白宫的时候，他对同伴说：“我打算清理一下文件，从此销声匿迹。一个小时前我把辞职信交给了总统，他接受了。”

第三，主导性原则。媒体和评论不能决定受众怎样想，但在让受众想什么上却可能十分成功。受到某种议程影响的受众会按照该媒体对这些问题的重视程度调整自己对问题重要性的看法。领导干部可以有意识地利用这一功能，主导整个采访的进程和内容，引导媒体和记者将关注的焦点投向自己预设的话题。

主导性的原则还包括领导干部要善于驾驭复杂的采访场面。比如，在非正式走廊上的采访中，你被一群记者包围——向你递话筒，提很多问题。如果你准备充分，希望在电视上露面，你只要把话题确定在核心问题上就行了，当然你也可以保持沉默。你可以挑选一个能答的问题来回答，以此控制场面。眼睛看着提问的记者，不要管周围的摄像机和录音设备，只需对着提问的记者说话。声音要比提问记者低 1 个分贝，说话时要面带微笑，安静从容。

第四，技巧性原则。有人认为，现在提倡公开透明，只要说真话、实话实说就行，不需要什么技巧。这种说法太偏颇，有时候说实话也是需要技巧的。因为有些记者提的问题是没有实话可说的，或很难说清楚的，只是想“刁难”一下你或考一考你的智慧。在这种情况下，对于领导干部来说，一是将你认为最重要的、最想表达的信息先说出来或突出出来，然后再说次要的，这样能让记者准确地理解你的意思，否则，如果你的核心内容不突出，让记者不明重点，可能就会出现误报或不准确的报道。二是在敏感时期，表态要十分谨慎。比如，一些行为或政策在受到公众广泛质疑或批评时，你在接受其他问题的采访时表态也要慎重，以避免引起误会。三是说话要留有余地。面对有关批评和指责，出面表态时说话不能太绝对，要给自己留一些余地。四是学会幽默与诙谐。幽默是一种润滑剂，能活跃和改善气氛，消除记者对立情绪。面对媒体，幽默是最好的外衣。越是尖锐的问题，越是要用幽默感把它化解掉。但需要注意：幽默虽然作用很大，但不能强求，幽默不能太多，在危机期间面对媒体和公众不能幽默。五是注意言多必失。采访回答应简洁明了，根据提纲或口径回答完问题就要打住。不要没完没了地解释、发挥。对新话题，由于事先没有准备，容易出错，并且易引出新的问题。

资料链接

周恩来妙对美国记者

一次，周恩来接见美国记者，对方问：“总理阁下，你们中国为什么把人走的路叫马路呢？”他听后说：“我们走的是马克思主义道路，简称马路。”对方又问：“总理阁下，在美国，人们都是抬头走路，而你们中国人为什么都低头走路呢？”周恩来微笑着说：“这个问题很简单嘛，你们美国人走的是下坡路，当然要仰着头走路，而我们中国人走的是上坡路，当然要低头走路。”

第五，友好性原则。领导干部在接受记者采访时，要尽可能地理解媒体、善待记者，要和记者交朋友，不要得罪记者。领导干部一定要克服轻视记者、蔑视媒体、回避采访、盲目应对等错误做法，要坦诚、自然、客观地面对记者。不要给记者上课，因为记者不是你的学生；不要给记者作报告，因为记者不是你的部下；不要敌视记者，因为记者不是你的敌人；要以平等的态度面对记者，因为记者是你的合作者。要及时回应记者的来电来访，尽力提供记者所需要的背景资料，利用事实来抓住记者的注意力，以事实为基础答复记者。要尽量不使用“无可奉告”之类的语言，不当众拒绝某位记者的提问，不公开表达自己的偏见。不要企图控制记者，而是要控制自己的言行。而且，要为媒体采访报道提供必要的方便和条件，对那些妨碍阻挠正当采访，甚至扣压证件设备、限制人身自由的行为，要协调有关部门依法依规予以严肃处理。

此外，如果遇到随机采访，领导干部一定要注意以下两点：其一，是否回答问题，取决于你有无话要说。但一般情况下，最好还是回答提问，因为记者有疑问，从领导干部的职责角度来看，释疑解惑是你的义务。其二，回答不能太随意。由于不是在正规的信息发布场合，领导干部有时会放松警惕，回答问题比较随意，甚至大谈些所谓个人的看法，这时非常容易出错。

领导干部答记者问是现代政治的一种运作手段，是政治文明的一部分，切不可有应付、对抗的心理。领导干部答记者问的低标准，起码须做到“八不要”：

第一，不要作报告。答记者问是有问才答，不问不答。虽有时也可借题发挥，但不可太多。一般的讲话，即使必要，最好也不要超过 5 分钟，长则有水分，长则惹人嫌。

第二，不要抖家底。一些地方领导干部，不管回答什么，总不厌其烦地将自己所辖地介绍一通。记者都是挑最有个性的材料和语言写稿，空话、套话，说了也白说，统统不会报道。

第三，不要居高临下。答记者问就是答客问。对客人要尊重、客气。不要顾左右而言他，这样不礼貌，会让人觉得你心不诚。也不要以不变应万变，使用外交辞令，这样给人“滑”的感觉，有损领导干部的形象。

第四，不要有对抗心理。问题有时可能尖锐，但不必介意，不要立即摆出一副防范、抵抗状，这样问答将无法进行，还可能激化矛盾。不要向记者发脾气，更不可动粗。就算已看出是对方设的圈套，也要机智地、有风度地绕过去。

第五，不要一味地念稿子。答问，是借问作答浑然一体，如太极拳之借力发力，四两拨千斤，一开口即要接上记者的问话，不要自加前奏，自泄其气。

第六，不要上专业课。答记者问就是通过媒体普及你的思想，你的观点。你讲得又专又深就等于白说。真懂方能深入浅出。领导干部要有两种本事：一是起草文件、写工作报告；二是动员群众，包括回答记者。

第七，不要假装幽默。幽默是宽余的表现，是达到目标时还有一点花絮，如篮球的空中扣篮、足球的倒勾射门。没有真本事，不要玩幽默。一些领导干部以为幽默就能得分，结果，身子能倒勾，球却进不去，弄巧成拙。

第八，不要借机捧上级。大型记者招待会，有时是各级干部出场，由领导主持。在这种场合下，领导干部切记不要借答记者问，吹捧上级，诚恳回答记者提问就可以了，以免引起反感。

资料链接

如何接受电视台采访

（1）事先做好充分准备，尽量先彩排几遍。

（2）服装应该力求简约大方。

（3）说话干脆利落、简洁明了、通俗易懂。

（4）尽量放慢语速，语调要有变化。

（5）神情轻松自然，态度坦率。

（6）不要到处乱看监视器、摄影师或者其他制作人员。

（7）不要有不耐烦或不屑情绪。

三、变被动为主动，从容直面各种问题

领导干部要从容回答媒体提出的各种问题，首先必须找准位置、摆正心态，切忌说出“雷人”之语。“雷人”之语不仅有损干部形象，也会贻误工作。一些干部说出“雷人”之语，除了存在官僚主义，缺乏沟通能力和表达技巧也是原因之一。

从容回答媒体提出的各种问题，需要明确以下几个问题：一是对谁说，即明确说话的对象。在单位对同事说话与面对媒体对记者和公众说话，有很大区别。对同事说话可以随意一些，对媒体记者和公众说话则要注意措辞准确，不引起歧义，并尽量简洁、通俗、易懂。二是说者为谁，即说话者对自己的身份要明确。人在不同的时间和不同的场合，说话的身份是不一样的。如果没有弄清自己的身份，讲话的口气就不可能到位，“雷人”

之语就可能脱口而出。三是说什么，即面对不同的人确定不同的讲话内容。不同的人有不同的需求，有不同的接受能力。讲话因人而异，才可能有的放矢、收到成效。四是怎么说。领导干部应注重提高沟通能力和表达技巧。在很多情况下，一些领导干部并没说什么违反原则的话，却被网友抓住了“小辫子”，表达技巧不高是一个重要原因。此外，与媒体和公众交流还应注意克服自傲、自卑等心理，坚持坦诚相待、平等沟通、积极主动。

记者的问题千变万化，使人难以应付。领导干部在面对记者提出的尖锐问题、生疏问题、机密问题和“刁钻”问题时，一定要沉着应对、从容回答。要在处变不惊中做到思维缜密，洞察深彻，表达到位，牢牢把握与媒体和记者打交道的主动权。

第一，回答尖锐问题。记者的尖锐提问往往易使领导干部难堪，甚至下不了台。在这种情况下，领导干部应尽量保持“大将风度”，而不是“小肚鸡肠”。要在有限的时间里，将最有价值、公众最需要的信息传递出来，对记者一些捕风捉影甚至含沙射影的提问，与其遮遮掩掩、吞吞吐吐，致使欲盖弥彰、越描越黑，倒不如勇敢面对，坦诚相见。如果有个别记者侮辱人格、国格和损害民族尊严，无理纠缠和刁难，也不妨给予义正词严的迎头痛击。

资料链接

陈毅震惊世界的“宣言”

1965年9月29日，国庆十六周年前夕，陈毅外长于下午三点在人民大会堂东大厅举行中外记者招待会，外交部新闻司司长龚澎同志主持。这一举动打破新中国官方不举行此类活动的先例，引起中外媒体的极大兴趣。有香港记者提出有关美国在侵越战争中利用香港作为据点的问题。陈毅针对当时赫鲁晓夫所谓中国自己不解放香港和澳门，而让亚洲人非洲人反对帝国主义和殖民主义，让他们为中国火中取栗的反动宣传，义正词严地宣告：“这是恶意的挑拨。赫鲁晓夫想指挥中国的政策。我们回答说，中国的政策要由中国决定，不能由赫鲁晓夫修正主义者决定。”接着，陈毅同志顺水推舟、慷慨激昂地发布出一则震惊世界的宣言：“如果美帝国主义决心要把侵略战争强加于我们，那就欢迎他们早点来，欢迎他们明天就来。让印度反动派、美帝国主义者、日本军国主义者也跟他们一起来吧……我们等候美帝国主义打进来，已经等了十六年。我的头发都等白了。或许我没有这种幸运能看到美帝国主义打进中国，我的儿子会看到，他们也会坚决打下去。请记者不要以为我是个好战分子，是美帝国主义穷凶极恶，欺人太甚。它欺负中国人、朝鲜人、越南人、高棉人、老挝人、印度尼西亚人、刚果人、多米尼加人，连它的盟友法国也受它的欺侮。受它欺侮的人起来反对它，变为中国的朋友，这是美国造成的。”话音刚落，全场报以雷鸣般的掌声。一些外国记者急忙走出会场，抢先向全世界播发陈毅外长气势磅礴的宣告。对于陈毅的宣告，香港《成报》评论道：“陈毅在强调，甚至美国联同苏联、英国、印度向中国大陆夹攻，中共亦不畏惧。这种谈话，可谓前所未有。陈毅的谈话，不会挑起战争，他只不过说明中共有胆量面对多面的敌人而已。”

第二，回答生疏问题。在接受记者采访时，领导干部如果遇到了自己不太清楚或者事先缺乏准备的生疏问题时，要分清具体情况，采取不同的“转移”办法。比如，问题超过自己的权限和职责，就想办法转给他人；问题超出自己能提供的信息，就想办法转到下次；实在不好回答，可以找出有机联系，将记者的视线转向己方议程，或者将回答的重点转向重要议题，等等。

资料链接

基辛格“生平最愚蠢的一件事”

基辛格曾在享有世界第一女记者之称、以尖锐提问著称的奥丽娅娜·法拉奇面前失手。法拉奇素有“男人的心胸，女人的感觉，记者的敏锐，作家的才华”的美誉，她成功地采访了很多国际政要。法拉奇采访基辛格时，曾提出过这样的问题：“基辛格博士，人们说您对尼克松根本不在乎，说您关心的只是您干的这一行，同任何一位总统都可以合作，您是如何成功的？”基辛格一不小心露出了“庐山真面目”，他说：“我事业成功的诀窍在于我从来都是单独行动。”尼克松为他突出个人非常恼火。后来，基辛格声称接见法拉奇是他“生平最愚蠢的一件事”。

第三，回答机密问题。领导干部对于机密问题的回答，基本的办法是不回答或者不正面回答。一是可以强调某类问题的一贯原则，以代替对具体细节的透漏。当然，也不能机械刻板地“背诵”，令记者失望。二是可以采用模糊的语言回答，使这个场面出现“仁者见仁，智者见智”的氛围。三是可以在回答提问时点到为止、引而不发、暗示结论。四是可以提供幽默素材，委婉拒绝记者，同时打破尴尬气氛。

资料链接

李肇星的机智回答

曾经一位西方记者问李肇星邓小平同志的健康状况问题，李回答说：“他健康状况良好。”另一位记者紧追不舍：“邓小平先生是在医院里还是在家里拥有良好的健康状况？”李回答：“我不知道是你有这种嗜好还是贵国有这个习惯，在身体好的时候住在医院里，身体不好的时候反而待在家里。”

第四，回答“刁钻”问题。作为一名优秀的领导干部，遇到记者提出的“刁钻”问题时，要始终保持有礼有节、有理有据的谦谦君子风度。可以以其人之道还治其人之身，模拟对方话语讽刺对方谬论；可以有根据地反问对方，促使对方反省；可以通过自信的展示压倒对方的气势；可以运用“语言太极”把对方的结论化为自己的前提。

资料链接

周恩来智答美国记者

周恩来总理是一位杰出的外交家，具有非凡的口辩才能。抗美援朝期间，一次，总理批阅完文件接受一美国记者采访。美国记者看到总理桌上放的是一支美国派克钢笔，就故意诘问：“你们堂堂中国人为什么用我们美国生产的钢笔？”总理含蓄地答道：“提起这支笔呀，那可说来话长了。这不是支普通的笔，是一个朝鲜朋友抗美的战利品，作为礼物送给我的。我觉得有意义，就收下了这支贵国的钢笔。”

四、审时度势，对媒体巧妙说“不”

在采访过程中，不论情况多么复杂，从被采访的领导干部角度来看，不外乎三种情况：一是可以（或必须）正面坦率回答的；二是需要暗示或隐晦地回答的；三是要不置可否或需要委婉回避的。这就要求领导审时度势，掌握对媒体说“不”的艺术。

有些人认为现在讲政务公开、政务透明，领导干部没有什么可回避的，实话实说就行。当然也就没有必要谈什么说“不”的技巧了。其实这是误解。

政务公开，并不是国家任何机密都没有了，领导干部任何时候都要有问必答；提倡回答问题时要加大信息量，也不是对什么问题都要知无不言。

当然，说“不”不是让领导干部动辄对媒体来一句“无可奉告”，然后沉默是金。实际上，巧妙地回避问题，不但不会引起记者反感，有时还会赢得记者的欣赏和尊重。作为领导干部，回答采访时，哪些话可以说，哪些话不可以说，说到什么程度，都需要有一定的尺度和分寸，该说“不”的时候不仅要说“不”，而且还要说好这个“不”。这是领导干部与媒体打好交道的基本功。

资料链接

“故技重言”的麦克莱伦

布什总统的第二任新闻发言人麦克莱伦绝对可以称得上说“不”的高手。在他就任后的第一次新闻发布会上，伊拉克大规模杀伤性武器问题是记者关注的焦点，记者问了许多有关问题，但麦克莱伦的回答只有一句：“这个问题我们已经讨论过了。”据报道，有人数了一下，他竟然把这句话说了9次。

当然，做到熟练地说“不”，需要一个积累经验和“修炼”的过程。说“不”时要根据问题的方式和内容的不同而相应改变，不能千篇一律。

资料链接

巧妙说“不”的“外交辞令”

（1）这个情况我不太清楚，为了给你一个负责任的答复，我愿在核实情况后给你一个负责任的答复。

（2）这个问题我只能说这些。

（3）我没有新的东西要说的。

（4）这不是我部门主管的范畴，请向某某部门提问。

（5）请问你能告诉我消息的来源吗？

（6）这个问题不属于我回答的范围，但我了解后会正式向你作出回答。

（7）这个问题实际上刚才我已答过了。

（8）对这个问题，我们还需要研究。

（9）我也是刚从报纸上得知此事，还需核实。

（10）我还没有被授权公布有关方面的消息。

（11）我不回答假设性的问题。

（12）你说的这件事，我不了解情况，不便发表看法。

（13）我不适合回答这个问题。

（14）我不是回答这一问题的合适人选。

（15）这个问题很好，但我从这个问题想到另一个问题……

有些记者问一些敏感问题或不便回答，有的记者甚至在问题中设圈套，领导干部要用合适的方式巧妙地说“不”，恰当地予以回避。说“不”的方式可有以下几种：

第一，用套话说“不”。用这种方式回答记者提问，表面上看似乎回答了记者的问题，但实际上，说的都是空话，没有任何实质信息。

资料链接

组织纪律的要求

一位市委书记在回答记者有关一位县委书记当选时他“投的是赞成票，还是反对票”的问题时就很艺术：“对不起，这是组织保密的要求，我不能违反组织纪律。”这样的回答，既断然拒绝、滴水不漏，同时又和盘托出理由，让人信服。

第二，幽默地说“不”。用开玩笑的方式回避记者的敏感问题。既没有提供信息，又不让记者难堪。

第三，进攻性地说“不”。这种回避方式，不是一味消极应付，而是在回避对方问题的同时主动出击。具体做法是对对方提出的问题不予理睬，或语焉不详，而重点在表达自己对有关问题的立场上。

资料链接

孙玉玺妙对记者“发难”

1999 年美国对南斯拉夫军事行动前后，西方媒体和政府都指责南斯拉夫联邦部队卷入了对科索沃平民的屠杀，记者经常问中方对此问题的看法，中方的回答一直是：科索沃问题是南斯拉夫的内政，应由南人民自己解决。一次新闻发布会上，有一记者突然向发言人孙玉玺发难：那么中方是否认为，南斯拉夫政府对平民的屠杀是其主权范围内的事？孙玉玺答：你说的这一情况现在还有待核实。但我们现在看到的情况是，南斯拉夫大批平民在北约的空袭中伤亡，大批难民流离失所，无家可归。

第四，归谬法说“不”。所谓归谬法就是顺着记者问题中的逻辑把其观点无限放大，以显示出其荒谬性，从而对其观点予以根本否定。记者问题中本来不明显的逻辑错误，通过归谬法就会使其错误被放大到让人人都感到荒谬的地步。

资料链接

“全球都是中国人”

朱镕基在与日本市民举行电视讨论会时，曾与日本市民进行了直接的公开对话。有人问：“为什么中国只允许每个家庭要一个孩子？”朱总理回答：“如果十二亿五千万人口的国家无限制地生下去的话，那全球就都是中国人了！”朱总理在这里运用的就是归谬法。让对方明白十二亿五千万人口的中国如果无限制地生下去的后果，使对方自己都能意识到自己的想法是荒谬的。

第五，对假设性问题说“不”。对记者提出的假设性问题，领导干部一般需要回避。碰到这种问题，可直接回答：“我不回答假设性问题”、“现在还不存在这一如果的问题”、“这是一个假设性问题”等，否则，很容易绕进去，掉入陷阱。

五、自我修炼，做一个“会说话”的人

随着报纸、广播、电视、互联网等大众传媒的蓬勃发展，媒体已经成为党政领导面对公众、与公众交流沟通的载体和平台。从这个角度看，领导干部面对公众在很大程度上演变为面对媒体，公众意识转化为媒体意识。具备新闻媒体知识，熟悉、尊重新闻舆论传播规律，善解媒体、善待媒体、善用媒体，正确引导社会舆论，与媒体保持密切联系，把媒体作为与公众交流沟通的重要渠道，自觉接受舆论监督，是现代领导干部必需的基本素质和才能。

领导干部既要有过硬的本领、优良的作风、良好的情商，又要有敏捷的思路、颇有深度的个人见解、雄辩的口才、生动的表情，这些因素对公众极具感染力和凝聚力，可以拉近与公众的心理距离，增强对公众的感召

和影响。

自我修炼之一：练就好口才

口才是指在口语交际的过程中或面对媒体时，表达主体运用准确、得体、生动、巧妙、有效的口语表达策略，达到特定的交际目的，取得圆满交际效果的口语表达的艺术和技巧。

领导干部是党政机关、企事业单位的负责人，是大政方针、计划指示的决策者和带头执行者，他们要通过口语表达来研究问题、部署工作、发号施令，要通过口语表达来发动群众、宣传群众、组织群众、教育群众、服务群众；领导干部的言论往往指导着所领导地区、部门、单位的全局工作，关系到国计民生，牵动着千家万户，重要领导干部的言论还会引起国际反响，影响到国家和人民的权益。因此，领导干部进行口语表达时应该有高标准严要求，概括地讲，领导干部在面对媒体时具有“好口才”应体现在以下方面：

第一，权威性。领导干部讲话的权威性，是领导者所处的地位和所起的作用决定的。领导干部的讲话可能对下属和社会产生很大的影响。有时一句不经意的话，往往会带来不小的麻烦，造成无法预料的后果。所以，领导干部讲话必须非常注意原则性和政策性。原则性和政策性是指领导干部不论在什么环境中，讲话都要有一定的限度、尺寸，不能脱离这个限度随心所欲去阐述、说明、表现个人的思想观点。

第二，通俗性。领导干部讲话的通俗性，是指讲出的话不仅要生动、说理，而且要明事、易懂，使人乐于接受。要善于使用大众语言。大众语言来自于人民大众，是人民群众发明创造的，主要包括谚语、歇后语、惯用语等。在讲话中巧妙地运用，能够增强讲话的感染力。

第三，概括性。领导干部在讲话时，为了使人们能够很快了解自己的说话意图，领会要领，必须使用高度概括、凝练的语言，提纲挈领把问题的本质特征表达出来，以达到“片言以居要，一目能传神”的效果。

第四，目的性。一切领导活动都是有着明确的目的，讲话也不例外，所谓目的，是指领导者为达到某些需要而形成的一定实践活动的目标、希望和要求。它是领导干部对领导活动结果的自觉意识和在观念上的设计。

资料链接

领导讲话的目的

（1）明了。即让听众了解所传递的信息，或明白他不知晓的事理。

（2）接受。即让听众在弄懂主题思想观点、立场、看法的基础上，真正信服接受，并付诸相应的行动。

（3）解惑。即让听众学习并掌握有关的理论、知识、经验和技能，解决生活工作和社会实践活动中的各种疑难。

（4）沟通。出于社交的需要，沟通人与人之间的思想感情，达到互相了解，互相支持，协调配合，行动一致。

（5）感动。引发听众心灵上的共鸣，受到感动或激励、鼓舞，与口才表达主体心曲相通，同悲同喜，同忧同乐。

（6）说服。因势利导，说清道理，晓以利害，改变对方的某种观念或要求，阻止对方采取某种行动。

（7）拒绝。即让对方知道其思想观点、立场、看法不可接受，这是一种逆向交流，特别需要讲究方式、方法和技巧。

（8）反驳。即指出对方的观点、要求不合理、不合法甚至是错误、荒谬的，进而表明自己的观点和要求，先破后立，破中求立。

在一般情况下，领导讲话的目的比较单一，但有时也可能兼有几种目的。不管是哪一种情况，只要达到或基本达到了上述目的中的一种或几种，就能称得上是真正地会说话，有口才。

第五，逻辑性。领导干部讲话，逻辑一定要严密，有条理，通过逻辑分析的方式，把自己讲话的目的明明白白地表露出来。“同一律”、“矛盾律”、“排中律”、“充足理由律”等要求人们思考问题和表达思想时，要保持同一性，不能自相矛盾，不能模棱两可，要有充足的理由等。遵守这几条基本规律，是讲话具有严密逻辑性的总体表现和要求，必须贯穿于面对媒体讲话的全过程，体现在讲话的每一个环节中。

第六，准确性。准确性是领导干部运用语言，与其他个人、组织或媒体进行交流的基本要求。任何一个领导者所说出的话，如果失去了准确性，不但没有任何水平可言，而且还会失去所有与之联系的个人、组织或受众的信任。

第七，新颖性。领导干部讲话，观点要新颖，要讲一些别人没讲过的内容，让大家听后感到耳目一新，受益匪浅，而非人云亦云。

第八，生动性。生动是对领导干部面对媒体讲话水平的基本要求之一。领导者无论在什么场合下，都需要使用易被接受、鲜明生动的语言，而忌讳那种晦涩难懂的说教。

第九，机智性。领导干部讲话，要能够机智应变，尤其是面对突发事件要有很强的应变力，在任何情况下都要能对答如流、转危为安。

在面对媒体时能做到以上几个方面，领导干部往往就算有了好的“口才”，领导魅力也会得到很大的增强。

资料链接

领导干部口语表达十戒

（1）戒讲假话。有喜报喜，有忧报忧，如实反映情况，不隐瞒自己的观点。

（2）戒讲大话。不以大帽子压人，不以权势逼人，不装腔作势借以吓人。

（3）戒讲空话。不哗众取宠封官许愿，能办到的才说，办不到的不轻诺。

（4）戒讲套话。不打官腔，不要滑头，不唱不能解决任何问题的八股调。

（5）戒讲脏话。文明礼貌语言美，在任何场合都不讲骂人的话、粗鲁的话、低级趣味的话。

（6）戒讲废话。处事果断，说话精练；开短会，说短话；少来不必要的“补充发言”。

（7）戒讲过时话。要积极学习和准确使用当前反映新观念、新经验、新科技的新词语。

（8）戒讲外行话。要精通本行业、本单位的业务，正确使用专业术语。

（9）戒讲文理不通的话。要合乎逻辑、合乎语法，讲究修辞，积极维护祖国语言的纯洁和健康。

（10）戒讲群众不懂的话。要学习和使用群众朴实生动的语言，让群众一听就懂，有亲切感。

自我修炼之二：赋予演讲生命力

演讲是人类的一种社会实践活动。作为领导干部，随时随地都有可能面向听众或者媒体发表讲话。所以，演讲作为一门激发人们心灵之火的艺术，熟练掌握并运用这门艺术，学会赋予演讲生命力，对于领导干部提高整体素质，做好领导工作，无疑具有重要的作用。

作为一门艺术，演讲虽然也是以“讲”为主，但是这种“讲”还同时要体现“演”。它不仅要把事和理讲清楚，让人听明白，而且还要通过在现场的直观性言态表达把事物和道理讲得生动、形象、感人，既有情感的激发力，又有声态并作的审美感染力。

资料链接

林肯的葛底斯堡演说

葛底斯堡战役是美国南北战争中的决定性战役，北方军队经过浴血奋战，大获全胜。为纪念在战役中牺牲的勇士们，修建了葛底斯堡公墓。在落成典礼上，亚伯拉罕·林肯的演说只有3分钟，却充满真挚的感情，哀痛而振奋，堪称演讲中的经典之作。

演讲原文：87年前，我们的先辈们在这个大陆上创立了一个新国家，它孕育于自由之中，奉行一切人生来平等的原则。现在我们正从事一场伟大的内战，以考验这个国家，或者任何一个孕育于自由和奉行上述原则的国家是否能够长久存在下去。我们在这场战争中的一个伟大战场上集会。烈士们为使这个国家能够生存下去而献出了自己的生命，我们来到这里，是要把这个战场的一部分奉献给他们作为最后安息之所。我们这样做是完全应该而且是非常恰当的。

但是，从更广泛的意义上来说，这块土地我们不能够奉献，不能够圣化，不能够神化。那些曾在这里战斗过的勇士们，活着的和去世的，已经把这块土地圣化了，这远不是我们微薄的力量所能增减的。我们今天在这里所说的话，全世界不大会注意，也不会长久地记住，但勇士们在这里所做过的事，全世界却永远不会忘记。毋宁说，倒是我们这些还活着的人，应该在这里把自己奉献于勇士们已经如此崇高地向前推进但尚未完成的事业。倒是我们应该在这里把自己奉献于仍然留在我们面前的伟大任务：我们要从这些光荣的死者身上汲取更多的献身精神，来完成他们已经完全彻底为之献身的事业；我们要在这里下定最大的决心，不让这些死者白白牺牲；我们要使国家在上帝福佑下得到自由的新生，要使这个民有、民治、民享的政府永世长存。

面对观众和媒体，要赋予演讲生命力，领导干部应注重以下几个方面：

第一，主体形象。领导干部作为演讲者的主体形象包括体形、容貌、衣冠、发型、举止、神态、气质等直接诉诸听众视觉器官的诸要素。领导干部整个主体形象的美与丑，在一般情况下，不仅直接影响着自己思想情感的表达，而且也直接影响着听众的心理情绪和美感享受。这就要求领导干部在自然美的基础上，要有一定的装饰美。当然，绝不同于舞台艺术的性格化和艺术化的装饰美。这就要求领导干部在符合演讲思想情感的前提下，注意装饰的朴素、自然、轻便、得体，并具有时代感。同时注意举止神态的潇洒、雍雅、大方，只有这样才有利于思想情感的传达，有利于演讲的成功。

第二，有声语言。有声语言是演讲活动的最主要的物质表达手段，它由语言和声音两种要素构成。有声语言运载着思想和情感，直接影响听众的听觉器官，产生效应。它具有时间艺术的某些特点，是听众听觉的接受对象和欣赏对象。领导干部面对听众特别是面对媒体时的演讲语言应注意以下几点：语言要新鲜，不讲套话、空话；语言要准确，不讲大话、假话。语言的准确性来自思维的精确性，只有想得明白，思考得周密，才能讲得准确，讲得恰如其分；要根据不同的听众，挑选精当的语词，运用尽可能严密的逻辑提出问题，分析问题和解决问题，信口开河或泛泛而谈是不会抓住听众的；语言要通俗，尽量使用人人都懂的，有地方特色的群众语言，反映群众的感情、呼声、心愿和脉搏跳动的心里话，像一些口头语、成语、顺口溜等。群众语言讲起来朗朗上口，容易使人接受，能够达到较好的宣传效果；语言要简练，不讲抽象话，有话则长，无话则短，不啰嗦，抽象；语速要恰当，不要拿腔拿调、不要在不该停的地方停顿，以免造成误会；讲究词语的修饰和表达技巧。

第三，态势语言。态势语言，就是演讲者的姿态、手势、动作、表情等的表演活动。它是流动着的形体动作。它配合着流动的有声语言，表达出演讲者的思想情感；加强着有声语言的感染力和表现力，弥补着有声语言的不足。它主要影响听众的视觉器官，在听众心里引起美感，得到启示，产生效应。它具有空间艺术的某些特点，是听众视觉的接受对象和欣赏对象。实践中，只有既“讲”且“演”，既是听觉的又是视觉的，兼有时间性和空间性等艺术特点，这样才能体现演讲的本质属性，也是演讲区别于其他现实口语表达形式的关键所在。

第四，情感交流。演讲切忌埋头不理听众，要不时用目光和表情与听众交流感情（如同电视新闻播音员那样），可以适当有一些手势，但不宜过多和过大（不能像演戏那样）。领导干部要及时根据听众的反馈调整自己的演讲，如后座的听众听不清，音量要放大一些，听众对某些难点莫名其妙，应作些解说等。

第五，就地取材。演讲总是在一定的情境中进行的。尽管情境具有相对静止性，但如果领导干部能巧借情境即兴发挥，化静为动，让情境为我所用，就能使演讲应情应景，溢彩生辉。或者，领导干部如果要做即兴讲话，这种讲话没有现成的稿子，来不及认真准备，全靠现场思索和临场发挥，演讲怎样才能“有生命”呢？就地取材是个比较有效、便捷的方法，它以眼前的人、事、景等作为即兴讲话生发的“触点”，不但便于快速构思，而且可以巧妙过渡，把听众自然地带入到你的讲话中，使讲话更有现场感、更具活力、增添几分睿智和情趣。

资料链接

陈云林借题“101 大楼”

2008 年 11 月 3 日晚，台湾海基会董事长江丙坤在世界第一高楼台北 101 设接风宴，为首次来台的大陆海协会会长陈云林接风。陈云林在致答谢词时，即兴讲了这么一段话：“置身于这座华丽的101大厦，我俯瞰夜幕下的台北，万家灯火、车水马龙。在这片可爱的土地上，台湾同胞是热情、友好、勤劳、文明的人民。在这块热土上，他们以自己的打拼精神和聪明才智，创造了名列亚洲四小龙的奇迹，为中华民族赢得了光荣。为了两岸同胞的福祉，两会已展开制度化协商。我衷心希望两岸和平发展，台湾经济不断增长，台湾同胞幸福安康，衷心祝愿两岸关系就像101大楼一样超过满分，更上一层楼。”

陈云林就地取材，借助101层的高楼，以一句“衷心祝愿两岸关系就像101大楼一样超过满分，更上一层楼”，充分表达了大陆和平发展两岸关系的最大善意和诚意，既契合他此行会谈的主题，又显得生动形象，贴切自然，实在是精妙。

自我修炼之三：开辟自己语言的“动感地带”

现代公务活动离不开媒体参与。领导干部的工作过程大部分是以语言为媒介的，可以说，讲话水平体现在领导者行使权力的全过程中。讲话水平的高低，是领导能力的直接体现，也体现着领导魅力的强弱。因此，领导干部可以从以下几个方面继续努力，以期在面对媒体时开辟自己语言的“动感地带”：

第一，提高政治素质。领导干部除了掌握党的路线方针政策及国家的重要法令之外，还要深入学习贯彻中国特色社会主义理论体系，着力用马克思主义中国化最新成果武装自己的头脑，运用它的立场、观点、方法去认识事物、分析问题、解决矛盾，并结合实际，融会贯通，用自己的语言、生动、形象地表达出来，这样才能做到说理透彻，容易为群众所接受。

第二，提高文化素质。一个优秀的演讲家，必须具备广博的学识，除了马列主义基础知识和所管行业的业务知识之外，还必须具备历史、地理、文学、美学、教育学、心理学、社会学、自然科学等常识。只有具备广博的知识和浑厚的文化底蕴，领导干部在进行演讲时才能“更有底气”，才会增强演讲的效果。

第三，加强语言修养。要学习语法、修辞、逻辑的基本知识，要学习和掌握人民群众生动新鲜的语言，学习和借鉴古代有生命力的语言和外国的可以为我所用的语言形式，不断提高语言表达能力。领导干部都应该学普通话，最好用普通话来演讲。

第四，学习演讲口才学的理论和技巧。演讲口才学是近年来迅速兴起的新兴学科，它是古今中外演说家口语表达经验的结晶，总结了口语表达的技巧和规律，学习和掌握这些理论和技巧，用以指导自己的演讲实践，可以迅速提高自己的演讲艺术水平。口才训练的方法很多，主要有：

速读法。这里的“读”指的是朗读，是用嘴去读，而不是用眼去看，顾名思义，“速读”也就是快速地朗读。这种训练方法的目的，是在于锻炼人口齿伶俐，语音准确，吐字清晰。

背诵法。背诵，既要“背”，又要“诵”。这种训练的目的有两个：一是培养记忆能力，二是培养口头表达能力。记忆是练口才必不可少的一种素质。没有好的记忆力，要想培养出口才是不可能的。只有大脑中充分地积累了知识，才可能张口即出，滔滔不绝。如果大脑中是一片空白，那么你再伶牙俐齿，也无济于事。记忆与口才一样，它并不是一种天赋的才能，后天的锻炼对它同样起着至关重要的作用，“背”正是对这种能力的培养。

练声法。练声也就是练声音，练嗓子。练声的方法是：第一步，练气。俗话说练声先练气，它是发声的基础。第二步，吸气。吸气要深，小腹收缩，整个胸部要撑开，尽量把更多的气吸进去。第三步，呼气。呼气时要慢慢地进行，要让气慢慢地呼出。因为在演讲、朗诵、论辩时，有时需要较长的气息，那么只有呼气慢而长，才能达到这个目的。

复述法。复述法简单地说，就是把别人的话重复地叙述一遍。这种训练方法的目的，在于锻炼人的记忆力、反应力和语言的连贯性。

模仿法。其方法有模仿专人、专题模仿、随时模仿等。这里要求要尽量模仿得像，要从模仿对象的语气、语速、表情、动作等多方面进行模仿，并在模仿中有创造，力争在模仿中超过对方。

描述法。简单地说，描述法也就是把你看到的景、事、物、人用描述性的语言表达出来。

角色扮演法。角色扮演法，就是要学演员那样去演戏，去扮演作品中出现的不同的人物，当然这个扮演主要是在语言上的扮演。

资料链接

田中角荣学演戏克服口吃

口才极佳的日本前首相田中角荣，曾经也是一个笨嘴笨舌的人。田中角荣在《我的履历书》中曾记述过他小的时候有过严重的口吃，因为说话困难常常被同学歧视、作弄。有一次，他不小心把几个新的灯泡打碎了，情不自禁地发出“啊！”的一声。从此田中明白了：生了气就可以憎爱分明不自禁地发出声音来，说话是感情和思想的流露。为了更好地表达自己的思想感情，他决心把自己的口才练好。

“口吃是个奇妙的东西”，田中角荣回忆道，“说梦话，唱歌的时候，同妹妹说话时就不结巴。跟自己的狗说话也绝不口吃。可是一旦同长辈说话就莫名其妙地结巴起来，越紧张越厉害。读了不少矫正口吃的书，也没有见效。”后来他认识到经常提醒自己“我不口吃”，从而得到自信，这才是要紧的事。他认为有意放声唱、放声朗读大有益处，因此到了深山就练习发大声。

口吃的田中角荣，固然有先天的生理缺陷，但他发现自己并非绝对的口吃，进而分析出自己在某些场合下并不口吃，如同妹妹等人说话。这就是说，环境变异，才诱发他口吃的出现。于是田中决心找到矫正自己口吃的突破口，他终于找到了一个机会，那就是演戏。田中角荣这样分析为什么把克服口吃的第一关建立到舞台上。在舞台上表演，虽然台下众目睽睽容易给人造成紧张，但也很有裨益。因为上台不是一般讲话，而是念台词，所以必须事先把要讲的话准备烂熟，还要把剧情台词融会贯通。这样，演戏就与平常说话有了差别，因为演戏前已经把要说的内容练习了无数遍。在当年的学艺会上，田中角荣争取机会饰演《辨庆安宅之关》中的辨庆"导演"。当他在老师跟前软磨硬泡要饰演辨庆时，老师看到他如此热诚，终于答应让他扮演。田中角荣得到这个机会就苦练台词，终于将台词背得滚瓜烂熟。田中在回忆录里这样讲："其实，我为了完成这个重要任务，想出了两个办法，第一是带上调子讲台词；第二是在演戏的时候加上音乐伴奏，使戏和音乐配合起来，因为这样就等于唱歌，唱歌是不可能口吃的。"就这样，田中成功地演出了辨庆角色，使自己对克服口吃增添了莫大的信心。当天，戏刚一开始，田中角荣拄了金刚杖，打扮成辨庆就上场了。大家要看口吃的田中究竟演什么样的辨庆，所以全场鸦雀无声。……他带着演唱腔调开了头，结果意外顺利地说出了头一句台词。由此得到了勇气，难讲的《劝进帐》台词也能顺利地念下去了。戏一结束，全场就发出暴风雨般的掌声。

就这样，经过自己有意识地抓住各个机会锻炼，田中角荣的口才有了突飞猛进的提高。

讲故事法。常言说："看花容易，绣花难"，听别人讲故事绘声绘色，很吸引人，可是自己一讲起来，仿佛就不是那么回事了。因此，讲故事也是一种才能，并不是人人都可以把故事讲好的。学习讲故事是练口才的一种好方法。

第五，反复进行演讲实践。“拳不离手，曲不离口。”要提高演讲水平必须亲自演讲，反复多讲。演讲—总结—再演讲，这是任何演讲家成功的必由之路。

延伸阅读

媒体盘点习近平讲话所引用古典诗句与谚语（摘录）

纵观习近平历次重要讲话发现，他曾数次引用古典诗句、谚语阐述思想。谆谆告诫，语重心长；殷殷期望，寄意深远，展现出他独特的语言风格和人格魅力。

〖“逢山开路，遇水搭桥”〗2012年2月14日习近平出席美国副总统拜登及国务卿希拉里举行的欢迎午宴

讲话原文：作为世界上最大的发展中国家和发达国家，中美建设新型合作伙伴关系是一项具有重要和深远意义的开创性工作，既没有先例可循，也没有经验可鉴，只能“摸着石头过河”，或者“逢山开路，遇水搭桥”。

〖“风物长宜放眼量”〗2012年2月14日习近平和美国副总统拜登共同出席中美企业家座谈会

讲话原文：善于识别和把握时机。当前，中美都处在转变经济发展方式的关键阶段。两国经济议程高度互补和契合，合作空间广阔。希望两国企业家把握机遇，把众多合作潜力全面转化为互利共赢的实际成果。“风物长宜放眼量。”企业家的眼界决定境界、作为决定地位。

〖“物必先腐，而后虫生”〗2012年11月17日习近平总书记在十八届中央政治局第一次集体学习时的讲话

讲话原文：反对腐败、建设廉洁政治，保持党的肌体健康，始终是我们党一贯坚持的鲜明政治立场。党风廉政建设，是广大干部群众始终关注的重大政治问题。“物必先腐，而后虫生。”近年来，一些国家因长期积

累的矛盾导致民怨载道、社会动荡、政权垮台，其中贪污腐败就是一个很重要的原因。大量事实告诉我们，腐败问题越演越烈，最终必然会亡党亡国！

〖“雄关漫道真如铁”“人间正道是沧桑”“长风破浪会有时”〗2012年11月29日习近平总书记在参观《复兴之路》大型展览时的讲话

讲话原文：中华民族的昨天，可以说是“雄关漫道真如铁”。近代以后，中华民族遭受的苦难之重、付出的牺牲之大，在世界历史上都是罕见的。但是，中国人民不断奋起抗争，终于掌握了自己的命运……中华民族的今天，正可谓“人间正道是沧桑”。改革开放以来，我们不断艰辛探索，终于找到了实现中华民族伟大复兴的正确道路。这条道路就是中国特色社会主义。中华民族的明天，可以说是“长风破浪会有时”……现在，我们比历史上任何时期都更接近中华民族伟大复兴的目标，比历史上任何时期都更有信心、有能力实现这个目标。

〖“满招损，谦受益”〗2012年12月5日习近平同外国专家代表座谈

讲话原文：“满招损，谦受益。”中国已经取得举世瞩目的发展成就，但我国仍是一个发展中国家，仍然面临一系列严峻挑战，还有许多需要面对和解决的问题。我们既不妄自菲薄，也不妄自尊大，更加注重学习吸收世界各国人民创造的优秀文明成果，同世界各国相互借鉴、取长补短。

〖“东方欲晓，莫道君行早。踏遍青山人未老，风景这边独好”〗2013年1月1日中国人民政治协商会议全国委员会举行的新年茶话会

讲话原文：“东方欲晓，莫道君行早。踏遍青山人未老，风景这边独好。”辉煌成就已载入民族史册，美好未来正召唤着我们去开拓创造。让我们更加紧密地团结起来，朝着全面建成小康社会、加快实现社会主义现代化的宏伟目标奋勇前进。

〖“博学之，审问之，慎思之，明辨之，笃行之”〗2013年3月1

日习近平在中共中央党校建校80周年庆祝大会暨2013年春季学期开学典礼上发表重要讲话

讲话原文：你脑子里装着问题了，想解决问题了，想把问题解决好了，就会去学习，就会自觉去学习。要“博学之，审问之，慎思之，明辨之，笃行之”。学习要善于挤时间。经常听有的同志说自己想学习，但“工作太忙，没有时间学习”。听上去好像有些道理，但这绝不是放松学习的理由。

〖“夙夜在公”〗2013年3月17日习近平在第十二届全国人民代表大会第一次会议上的讲话

讲话原文：我深知，担任国家主席这一崇高职务，使命光荣，责任重大。我将忠实履行宪法赋予的职责，忠于祖国，忠于人民，恪尽职守，夙夜在公，为民服务，为国尽力，自觉接受人民监督，决不辜负各位代表和全国各族人民的信任和重托。

〖“治大国如烹小鲜”〗2013年3月19日习近平接受金砖国家媒体联合采访

讲话原文：对我来讲，人民把我放在这样的工作岗位上，就要始终把人民放在心中最高的位置，牢记人民重托，牢记责任重于泰山。这样一个大国，这样多的人民，这么复杂的国情，领导者要深入了解国情，了解人民所思所盼，要有“如履薄冰，如临深渊”的自觉，要有“治大国如烹小鲜”的态度，丝毫不敢懈怠，丝毫不敢马虎，必须夙夜在公、勤勉工作。人民是我们力量的源泉。只要与人民同甘共苦，与人民团结奋斗，就没有克服不了的困难，就没有完成不了的任务。

第五章

引导正确的社会舆论

舆情是民意的“晴雨表”，是民意的一种综合反映。在复杂的媒体环境中，在我国，公众意见的发表与交流平台众多，众多的舆情热点应该引起各级领导干部的重视，是他们了解民情、舆情的重要参考。领导干部应该知道，“灌水”、“拍砖”和“织围脖”是网民履行公民知情权、参与权、表达权和监督权的一种形式，是政府问计于民和领导干部决策的重要途径。把握舆情是新时代领导干部的一门“必修课”。在社会舆情呈现出空前复杂性的形势下，领导干部必须牢牢把握舆论的主动权，积极传递正能量。

一、舆情是民意的“晴雨表”

舆情是指在一定的社会空间内，围绕中介性社会事件的发生、发展和变化，民众对社会管理者产生和持有的社会政治态度。它是较多群众关于社会中各种现象、问题所表达的信念、态度、意见和情绪等表现的总和。舆情形成迅速，对社会影响巨大，不仅需要各级领导干部密切关注，也需要社会各界高度重视。

舆情与民意密不可分。民意即民众的意愿。舆情本身是民意理论中的一个概念，它是民意的一种综合反映。换句话说，民意是形成舆情的源头，没有民意，就没有舆情，舆情是基于民意的。而民意又要通过舆情来体现，可以说，舆情是民意的“晴雨表”。

与国外相比，我国的舆情还存在以下特殊情况：一是由于历史的原因，我国曾长期处于封闭状态，容易受到外来思想文化的冲击。二是目前我国正处于社会转型期，不可避免地存在诸多矛盾，容易使一些人出现情绪化冲动，以致不能明辨是非。三是少数领导干部对于舆论习惯于回避或堵塞。

资料链接

食品安全信息公开中的“躲猫猫”

广州市食品药品监督管理局2013年5月16日公布餐饮环节一季度食品抽检数据，其中米及米制品被检出重金属镉超标、食用油被检出致癌物质黄曲霉素B1超标、熟肉制品金黄色葡萄球菌超标等，但是却没有及时向社会公布不合格产品的品牌、生产单位及销售单位，有关食品的危害性也只字不提。关系老百姓食品安全的信息本该让全社会知悉并加以利用，但如今却成了有关政府部门“不能说的秘密”。尽管广州市食品药品监督管理局公布了抽检公告，但是其中消费者真正需要的信息却被隐瞒，这种行为已经侵犯了公民的知情权，已涉嫌违法。这种行为若长期下去，只能会使有关单位越来越丧失群众的信任，最终落得脱离群众自说自话的下场。

如今，我国舆论平台十分发达，舆情可谓“八面来风”。公众意见的发表与交流平台众多，舆情主要通过微博、微信、社交网络服务网站、网络新闻跟帖、论坛、博客、即时通讯软件、音视频网站、电子邮件等途径进行传播。这些虚拟空间的发达程度，与世界发达国家相比也毫不逊色。几乎所有门户网站都开设论坛。在“百度”网站，网民可以就任何关键字设立专门的论坛，任何对此事件或话题感兴趣的网民都可以到论坛发表言论和图片。几乎每条受网民关注的新闻后面都开设了跟帖，网民可以随手在新闻后面发表自己的观点。微博自出现起就成为网民热衷的自主发布、浏览、转发、关注信息的舆论平台。在这个平台上，网民既是信息的接收者，也是信息的发布者。很多中国网民人均拥有多个即时通讯账户。特别是腾讯微信，截至2013年6月底注册用户量已突破3.3亿，是亚洲地区最大用户群体的移动即时通讯软件。综观近年以来发生的一系列重大公共舆论和热点事件，大多都是微博和微信平台上的热点，通过海量转发，信息不断发酵。有网友总结道，“你可以不用微博和微信，但不见得微博和微信上没有你的传说”。

研究表明，舆情有热点，这些热点应该引起各级领导干部的重视，是他们了解民情、舆情的重要参考：一是涉“官”与涉“腐”的话题。“逢官必炒”、“逢腐必究”，是近年来舆论炒作的重要话题之一，由于在社会转型期多种因素及人们复杂心态的作用下，一些相关情绪的言论在网上很有市场。一般的社会事件，只要涉及政府官员，往往会引起网民密切关注。

二是涉“富”或贫富差距的话题。当前中国正处于黄金发展期与矛盾凸显期，各种潜在的社会矛盾不断积聚并激化。在贫富问题上，群众对一些依靠不正当手段和渠道而暴富的群体深恶痛绝，心理极不平衡。三是涉及社会“公平”和“正义”的事件。在社会矛盾复杂的今天，人们对社会公平与正义的要求极为强烈，一些特权现象、司法不公问题成为批判的焦点，群众对弱者遇到的不公正待遇异常敏感。四是涉及民族主义以及宗教信仰、中外关系的话题。近年来，国际关系复杂多变，热点较多，中国地处局势较为复杂的东北亚地区，一些中日、中美关系等话题，非常容易拨动国内公众的神经。五是涉及伦理道德的事件。当前由于中国传统文化出现断层，不少专家称社会“信仰缺失”、“伦理缺失”，网民对于社会伦理、公共道德的缺失深感痛心，一些有悖社会基本道德和伦理的事件往往被“声讨”。六是涉及百姓切身利益的话题。近几年，车价、房价、油价、股价等价格动态，以及教育改革、医疗改革、国企改革、金融改革等改革动态，都牵动广大群众的心。七是涉及公共安全、重大事故、自然灾害、环境污染等的事件和话题。近几年来，多起重大公共安全事件发生，由于事件涉及公众安全，每次发生时，都会引起社会各界关注。八是涉及明星“星闻”、“绯闻”及知名企业、敏感地域的新闻。在现实社会中，公众人物、公众企业、敏感地域处于社会的广泛关注之中，其一举一动，也往往会成为被炒作的“猛料”。

中共中央党校“中国热点舆情”研究组选取了从2012年1月1日至3月31日来源于中国境内互联网站的公开信息，对时政、经济、外交、社会四个方面的事件进行了权威解读。据研究组称，从话题、地域两个维度对前1000排行榜事件进行了分类，其中话题维度中排名前三名的类别为公共安全类事件，143件，约占总数14%；反腐倡廉类事件，117件，约占总数12%。此外，“食品、药品、医疗及社会保障”也是社会关注的热点话题。

资料链接

2012年第一季度十件“舆情热点事件”

事件	官方响应	信息透明	地方公信力	动态反应	官员问责	网络技巧	总分	应对能力
山东菏泽牡丹区“没死证明”风波	5.0	5.5	4.2	0.0	0.0	1.5	16.2	黄
江苏南京应对日本政客否定大屠杀	4.0	4.3	3.5	2.0	0.0	2.0	15.8	黄
黑龙江哈尔滨杀医案	3.3	4.0	2.0	0.0	0.0	0.0	9.3	橙
北京梁林故居被拆	2.3	3.2	2.3	1.5	0.0	0.0	9.3	橙
广西河池处置龙江河镉污染	2.1	1.3	2.1	1.5	1.5	0.0	8.5	橙
广西那坡学生营养餐被“套利”	2.2	3.2	1.7	0.0	0.0	0.0	7.1	橙
天津西青副区长女儿微博炫富	2.7	2.1	1.3	0.0	0.0	1.0	7.1	橙
海南三亚“宰客门”	1.8	2.0	0.5	1.0	0.0	1.5	6.8	橙
黑龙江哈尔滨“梦中强拆”事件	1.8	1.6	1.2	0.0	0.0	0.0	4.6	红
湖南涟源“萝卜招聘”	1.5	1.6	0.1	0.0	0.0	0.0	3.2	红

（来源：人民网舆情频道）

二、“灌水”、“拍砖”和“织围脖”的背后

“灌水”原意指向容器里面注水，进入互联网时代后由于论坛的出现，又多了一个“向论坛中发帖子”的意思。论坛的存在和发展就是靠坛友们不断地发帖、回帖。发帖回帖有很多种类型和方式，其中大多数都是一团和气的“灌水”。偶尔会有一个表达不同看法的回帖，看到与自己看法不同的帖子后又予以反击这就形成了讨论或者争论，这就是“拍砖”。“拍砖”的初衷是提出反对的看法，使别人接受自己的观点。“织围脖”是2009年出现的词语，意思是在微型博客上更新日志等内容，因为微型博客简称微博，所以有人戏称为“围脖”，把更新微博叫做“织围脖”。

“灌水”、“拍砖”和“织围脖”是网民履行公民知情权、参与权、表达权和监督权的一种形式，在互联网时代，网络民意占据了民意相当大

的份额。网络的开放、便捷、互动以及留言的匿名又可以最大程度上接近真实性。所以，网友的“灌水”、“拍砖”和“织围脖”越来越成为政府问计于民和领导干部决策的重要途径。

资料链接

温家宝与网民的一次倾心交谈

2009年2月28日下午3时，温家宝同志与守候在电脑旁的广大网友进行了一次倾心的交谈。这是中国政府总理首次与网友进行实时交流，电脑显示屏上，许多网友“闻讯赶来”，通过网络论坛向总理问好，并踊跃在线提问。温家宝手握鼠标，专注屏幕，就教育改革和发展、医疗卫生改革、灾区重建、反腐倡廉、社会保障、缩小收入差距、两岸关系发展、中美关系以及个人工作生活情况等方面回答了网友提出的29个问题。下午5时许，在线交流结束。从上午10时发出访谈预告消息起至访谈结束，网友共发来提出问题的帖子超过30万个，页面访问量达到1.5亿，100多万人同时在线观看视频，还有数万手机用户发来短信。

一个大国的领导人，通过互联网，与网友在线交流，这本身就是一个重大的进步。温家宝与网民的在线交流，体现了党和国家对网民的大力肯定，体现了中央乐于听取民意，尊重民意，重视来自网络的声音，是亲民尊民的生动体现。

如今，网络上铺天盖地的“灌水”、“拍砖”和“织围脖”背后，说明了什么?

第一，舆论力量十分强大。通过媒体，公众针对那些关系到自身利益或者是自己所关心的各种公共事务，包括突发事件、社会热点问题、政府决策、公众人物言行等，比在传统渠道中会更积极地发言。互联网超越地域、阶层、文化程度的限制，它的互动性和匿名性，都非常适合更多的民众自由表达意见立场。互联网一个突出的优势，是网民思想情感的交流碰撞。在现实世界中由于职业、地域等因素老死不相往来的人群，在网上忽然发现彼此可能拥有相似的价值取向和审美偏好，可以进行深入的探讨，可能会引起强烈的共鸣。

第二，公民主体意识和参与意识日益增强，民意表达更加理性。公众对社会问题的关注范围越来越广泛，关注的热点涉及时事政治、经济形势、公共卫生、社会安全、反腐倡廉、企业发展、灾害事故、文化科教、生态环境等社会生活的各个领域。2012年“两会”期间，强国论坛、复兴论坛、新华论坛等纷纷以专题的形式征求网民意见，“我有问题问总理”留言板持续火爆，共收到4000多页的留言。铁血社区、凯迪社区、天涯论坛、奥一论坛等民间社区每天至少有一篇帖文与两会相关，微博上更是热火朝天，政府工作报告、新闻发布会、代表委员的一言一行都是微博热议的。人民网“强国论坛”上，一条“喜迎十八大网友说期待”的帖子，聚集了接近10万的人气，广大网民在跟帖中表达愿望、诉说期待，形成十八大盛会的一道“民意风景线”。

第三，新媒体与传统媒体互动能助推舆论传播。在互联网出现之前，报纸、广播、电视等媒体是舆论传播的主要渠道。比如，党报系统大都设有“群众工作部”，负责处理读者来信，一部分公开见报（党报普遍开辟“读者来信版”），一部分作为内参呈报上级党政部门，一部分由报社转给读者所在单位提请关注解决。网络舆论关注的公共事务素材，一方面是来自传统媒体如报刊、电视的报道，另一方面来自网络原创，尤其是论坛、微博上网友自行发布的新闻和传言。如果传统媒体的报道由门户网站转载，并以专题形式予以突出宣扬，如果网上传言得到传统媒体的证实，网上观点得到传统媒体的声援，那么这种网上网下的交互作用，会促使舆情汹涌，形成强大的舆论声浪，对当事人特别是负有社会管理责任的公权力形成压力。

第四，互联网逐步成为舆论“主流媒体”。舆论可以通过口耳相传，也可以通过其他物质性的信息载体传播。传统媒体缺少与读者之间的多向交流，难以形成强大的舆论态势。随着互联网的普及，中国已经锻造出一个新的舆论形成机制。今天牵动全国的舆情即便不是以互联网为发端，至少也会经过互联网的推波助澜。可以不夸张地说，互联网和传统的纸媒和电视台一样，已经成为今天社会舆论的主流媒介。网上舆情还经常伴随网下的联动，比如传统媒体（报刊、电视台）的呼应，乃至现实行动，包括上访、突发事件等。

第五，公众强烈关注政府公信力。政府公信力关系到经济和社会稳定，构成了公权力的合法性基础。近年来，党和政府加强执政能力建设，推行政务信息公开、官员问责制，为增强政府公信力做出了多方面的努力。但在一些地方、一些部门，处理一些具体政务和突发事件时，往往采取遮遮掩掩甚至文过饰非的做法，引起网民的不满，虽然事件得以最终平息，却是以消耗政府的公信力为沉重代价的。

第六，政府部门重视网络舆情，及时问责、解决现实问题。“围观改变中国”，一个事件会迅速引起成千上万人的注意和传播，尤其是“意见领袖”的关注和参与，会使舆论影响滚雪球一样变大。网络上的呐喊、追问、质疑越来越受到各级领导的高度重视。越来越多的党政机构加强网络舆情的监测、搜集、分析和研判，对网民通过网络发出的声音和反映的诉求倍加关注，及时处置，消除隐患苗头，化解社会矛盾。

资料链接

网络意见领袖对网民的影响不可小视

中国社会科学院于建嵘教授以专家学者的身份现身网络，通过在新浪微博号召“随手拍照解救乞讨儿童”逐渐为公众所熟知，媒体和政府也对他给予了高度关注，最终他成为专家型网络舆论领袖的代表。

香港凤凰周刊记者部主任邓飞，利用微博向民众报道了打拐的全过程，通过一条又一条的“信息轰炸”，粉丝数量一度达到30万人；专栏作家连岳在厦门PX项目建设事件中连续对工程项目提出批评；著名主持人黄健翔、孟非等在南京地铁工程项目中质疑政府相关部门砍伐梧桐树、呼吁网民开展护绿行动，都起到了意见领袖的作用。

被中央电视台评选为2012年“感动中国十大人物”的郭明义，来自基层、勤奋工作、生活朴素、乐于奉献，通过微博扩大爱心接力的范围，是草根型网络舆论领袖的代表，他的事迹和追求从影响身边人发展到感染全社会。

第七，互联网舆情有偏差。互联网舆情是社情民意中最活跃、最尖锐的一部分，但网络舆情还不能等同于全民立场。随着互联网在中国的迅速普及，新闻跟帖、论坛、博客、微博、微信等的出现，中国网民们有了空前的话语权，可以较为自由地表达自己的观点与感受。但由于网络空间中法律道德的约束较弱，如果网民缺乏自律，就会导致某些不负责任的言论，比如热衷于揭人隐私、谣言惑众，反社会倾向，偏激和非理性，群体盲从与冲动。网络舆情反映社会事物容易出现偏向性。究其原因：一是政府利用新媒体应对不及时，带来舆情应对的“次生灾害”。传统媒体注重主旋律宣传，以正面事件为主，表现社会积极向上的一面。对一些负面新闻，特别是对突发事件报道较少。公众长期在传统媒体看不到负面消息，于是，在突发性事件发生时，互联网就是人们了解事实真相的第一选择。二是地方政府危机应对不当，导致事件被不断放大。网民不但是网络舆论的受众，还可以成为网络舆论的制造者和传播者，但他们又不具备媒体的专业素质，经常难以分清新闻事实与传言甚至谣言，自然会出现事实性的偏差。三是谣言的传播使民众对政府部门产生不信任、不满意。四是一些网民和“意见领袖”言语偏激，加剧了不良情绪的流动。网上一些较权威的论坛和个人博客里，有一些资深网友扮演了传播学上讲的“意见领袖”的角色。在一些复杂的现实问题难分伯仲的辩论中，他们的观点往往能左右网友的最终价值判断。有时“意见领袖”的意见并不完全客观正确，却能引导整个网络舆论的走向，导致了网络舆论的偏向性。五是商业性的网络媒体在刊载某些新闻报道与观点文章时，为了商业利益，经常使用夸张的标题、夸大的事实来吸引观众的眼球。有专家指出：如果说传统媒体的把关逻辑是“只有……才能发布”，有些网络媒体的把关逻辑就是“只要不……就能发布”。这样，互联网就形成了自身的媒体文化体系，其直接后果是：把关不严，甚至有意纵容，信息的鱼龙混杂在所难免。

三、把握舆情是领导干部的一门“必修课”

舆情是群众对社会现实的主观反映，它源于社会现实，具有相对独立性，有自身产生、发展、传播、变化的规律。舆情的产生源有多个方面：经济工作、重点工作是舆情的中心点；重大事件是舆情的集中点；突发事件是舆情的兴奋点；重要改革措施出台与群众改革预期的落差是舆情的波动点；重大政策调整容易产生社会热点、难点；与群众切身利益密切相关的工作大多成为干部群众关注的焦点；媒体炒作容易成为新舆情的诱发点。

舆情不完全等于民意，但与民意紧密相关。近年来，各种媒体发展速度惊人，许多媒体已经成为社会生活中表达民情、畅通民意、集中民智的重要渠道。把握舆情是党和政府群众工作和群众路线的新体现，已经成为领导干部的必修课，各级领导干部应当把掌握社会舆论情况作为知民意、晓民情、解民忧的重要途径，深入探索其变化规律，不断提高工作的预见性、针对性、主动性、有效性。

第一，把握舆情首先要学会使用网络。毋庸讳言，现在还有相当一部分领导干部不会或不屑使用网络。究其原因，一是对网络存在偏见，片面地认为网络不过是年轻人的娱乐工具，有许多荒诞、低俗甚至“很负面”的东西，不看也罢；二是满足于传统的或既有的工作方法和工作模式，习惯地认为做工作还是靠开会议、发文件、看报纸来得“妥帖”，网络舆情不值得重视；三是不愿意接受来自“虚拟世界”的声音，与其看到和听到不那么“顺眼”、“顺耳”的“坏话”、“恶言”，不如不看不听，“眼不见为净”。凡此种种，都需要廓清。网络确实很“虚拟”，但它又很“现实”。网民中不乏有识之士，网络中不乏真知灼见，作为领导干部，当然应该广察民情、广知民意、广纳民智。即使有些话不好听，也完全可能是逆耳忠言。况且，正因为网络的“虚拟”环境，领导干部才能听到在现实中可能听不到的实情，才能切实深入民众。因此，学会使用网络，重视和把握网络舆情，应该成为领导干部的一门必修课。

第二，营造积极舆论环境。要不断强化政府部门信息公开的责任意识，全力支持新闻媒体依法开展舆论监督，积极应对来自媒体及公众的质疑，实现政府与新闻媒体、与人民群众之间的良性互动。要坚持用公开、透明、及时的观念处理新闻危机，坦诚面对问题，做到对社会关注点不回避，对媒体咨询不推诿，对重大事件不失语，对热点问题不搪塞。

第三，加强舆情信息收集工作。现代社会，主流意识形态不仅要靠组织和行政力量来推行，还要靠媒体来传播，要靠富有成效的舆情信息收集工作来支持。其一，我们党要实现自己的执政目标，必须牢牢把握正确舆论导向，不断提高引导舆论的本领，以自己的思想理论、纲领路线、价值观念影响社会，凝聚群众。因此，只有通过富有成效的舆情信息工作，形成积极健康向上的主流舆论，才能充分发挥社会主义意识形态对人民群众的引导和激励作用，最大限度地在全社会形成共识，最大限度地统一不同方面、不同阶层人们的意志和行动。同时，只有通过富有成效的舆情信息工作，才能防止和消除不良舆论的影响。其二，加强舆情信息收集工作有利于密切党同人民群众的血肉联系，从而不断巩固党的群众基础。知民情、晓民意，及时把握、引导、利用好社会舆情，反映最广大人民群众的根本利益，是密切党同人民群众的血肉联系，架起党和政府与群众沟通交流的桥梁。只有通过经常的、深入细致的调查研究和通畅的舆情反馈，对群众思想动态和所思所想了然于胸，才能把民情动态作为第一信号，把群众意愿作为第一准则。其三，加强舆情信息收集工作有利于领导科学决策，从而不断提高科学执政的能力。科学决策是执政能力的重要体现。在现代信息社会，舆情信息已经成为各级领导干部了解情况、科学决策、指导和推动工作的重要依据。舆情信息反映着广大人民群众普遍关注的问题和他们的思想状况。谁最先占有信息，谁掌握的信息最全面、最准确，谁就获得了主动权。把握舆情，就是要及时了解人们的所思所想、所急所盼，尽早发现带有苗头性、倾向性的问题，增强领导干部科学决策的针对性和主动性，以便及早化解矛盾、理顺情绪、解决问题。因此，要建立健全舆情信息网络。只有构筑起强大的舆情信息网络，将触角深入到社会的各个角落和最基层群众当中去，才能反映最真实的情况，把舆情信息工作做好。各级党组织和政府机关要建立健全社会舆情报告制度，做到舆情反映的制度化、经常化，确保舆情信息工作顺利开展。

第四，建立舆情分析机制。要建立并不断完善舆情分析机制，充分发挥其对民意的统计分析功能，更准更快地了解民意。舆情分析机制的核心功能包括：其一，根据信息出处权威度、评论数量、发言时间密集程度等参数，识别出给定时间段内的热门话题。利用关键字布控和语义分析，识别敏感话题。其二，及时发现倾向性问题，要对于每个话题，对每个发信人发表的文章的观点、倾向性进行分析与统计。其三，要分析新发表文章、帖子的话题是否与已有主题相同。其四，要对突发事件进行跨时间、跨空间综合分析，获知事件发生的全貌并预测事件发展的趋势。

资料链接

舆情分析系统的核心技术

舆情分析系统的核心技术在于舆情分析引擎，涉及的最主要的技术包括文本分类、聚类、观点倾向性识别、主题检测与跟踪、自动摘要等计算机文本信息内容识别技术。这些技术一直是国内外信息工作者关注的领域。文本检索会议（TREC）、情报检索专业组会议（SIGIR）、文本检测与跟踪会议（TDT）等都是展示此类技术最新研究成果的最主要的国际会议和论坛。其中基于关键词统计分析方法的技术相对比较成熟，但在其有效性方面还有很大的提高空间。

第五，把握社会舆情的内在规律。社会舆情源于社会现实，有其产生、发展、传播、变化的规律。只有把握、遵循、运用好这些规律，舆情信息工作才能收到事半功倍的效果。

第六，疏通舆情信息的表达渠道。要开辟多种舆情信息表达途径。要通过建立健全领导干部调研制度、群众信访接待日制度、基层联系点制度等，开辟同人民群众联系的渠道，让群众有说话之处、诉苦之处。这样才能使舆情信息传递“管道”通畅，并能起到“社会安全阀”作用。

第七，加强对互联网、移动互联网等新媒体的管理监测。随着科学技术的不断发展，网上信息、手机微博、微信已经成为人们远距离交流的重要方式。网上信息、手机微博、微信作为一种正在快速发展的思想表达和交流阵地，加上其虚拟性、隐蔽性、发散性、渗透性和随意性等特点，越来越多的人开始通过这类渠道表达自己的想法。因此，在加强网上信息、手机微博、微信管理的同时，组织力量开展网络和手机微博、微信汇集整理与分析，也能从中了解民情民意，这对于全面掌握社情民意具有重要意义。

第八，建立考核激励制度，促进舆情工作机制不断完善。要定期召开舆情工作会议，总结、表彰、部署工作，鼓励创新，不断促进舆情工作从报送成绩经验类信息为主向报送成绩经验与问题建议类信息并重转变，从专门部门报送舆情信息为主向专门部门与基层单位及直报点报送舆情信息并重转变。要根据内容性质、总体质量、录用等级和是否专报等不同方面进行考核计分，鼓励引导各级舆情工作人员深入基层，加强调研分析，提出对策建议，提高舆情信息质量。同时，注重做好信息报送及录用的登记汇总工作，加强分析，积极指导、定期检查，准确选择社会舆情的最佳报送源，使舆情工作的作用得到有效发挥。

第九，提高执政能力。要准确把握新媒体时代受众的特点，善于运用群众喜闻乐见的方式，把党和政府权威真实的声音及时传送到微博、社区网等互联网的各个角落。要大力宣传党的路线方针政策和重大决策部署，要加强与民众的沟通。在与群众利益有关的一些大型项目、公共政策方面，要破除关门决策的行政思维，充分考虑群众利益，尊重民意，善待民意，并针对群众的关切点、疑惑点充分酝酿、积极沟通，以获得理解、赢得支持。要提防突发事件发生后“捂着、掖着、盖着”的“鸵鸟心态”，正面回应质疑。要加强社会舆情的调查、研判，建立各种舆论监测、预警、评估、引导机制，形成全方位、广覆盖的舆情引导体系，实现社会舆情引导的科学化，进一步健全新闻发言人、评论员、观察员制度，提高处理应对各类突发事件、公共事件的能力。

第十，善用政务微博。当突发事件或群体性事件发生时，微博常会第一时间形成舆情热点，相关部门能否开设官方微博直面民众是一种态度，能否用好微博应对民众的质疑和追问，是体现执政能力的一个方面。目前，官员微博仍数量较少，很多官员都在“潜水”，身份隐匿，发言谨慎，敢直言且直接介入政务领域的很少。要开通更多的政务微博、官员微博，收集民意、了解民情、解决民生，虚心接受网民的批评和不满，使政务微博真正为人民群众办实事、办好事。

资料链接

“北京微博发布厅”正式上线运行

2013年8月20日，北京市政务微博群“北京微博发布厅”在人民网、腾讯网正式上线运行，71家成员单位和6位市级政府新闻发言人进驻这两个微博。

北京市政府新闻办主任向网友表示，微博群将“不做僵尸不作秀”。“北京微博发布厅”上线后，不少网友表示，现在政务微博越来越贴近群众，向普通的网民靠拢，告别了刻板空洞的官话套话，觉得很实在也很亲切，希望政府的信息发布能继续保持这种良好的趋势。

四、牢牢把握舆论引导的主动权

社会生活是发展变化的，社会舆论也必然随之发展变化。当前，我国改革发展正处在关键时期，社会生活发生着复杂而深刻的变化。面对层出不穷的新情况、新矛盾、新问题，人们有着千差万别的看法，正确与错误、进步与落后、积极与消极、清醒与困惑等相互交织，社会舆论呈现出空前的复杂性。同时，各种大众传媒的蓬勃发展和信息传播手段的飞速发展，又大大增加了引导舆论的难度。如果不重视、不善于正确引导舆论，就可能使群众的意愿得不到反映、情绪得不到疏导，导致这样那样的问题，进而影响改革发展稳定的大局。我们党和政府要团结带领广大人民群众全面建设小康社会、加快推进社会主义现代化，各级领导干部就必须牢牢把握舆论导向，一定要把握好“时、度、效”，做好舆论引导工作。为此，领导干部应该做到：

第一，消除认识上的误区。改革开放前，我们的媒体基本上是单一的党报党刊和政府办的媒体，只要党和政府一声令下，基本可以做到“舆论一律”。而现在，我们不仅有以党员干部为主要对象的党报党刊，更有以广大市民为主的都市类报刊，还有为广大青年和知识界偏爱的网络媒体，以及更为普及的大众手机媒体等。领导干部要解放思想，转变观念，提高认识，与时俱进，适应形势发展和多种媒体出现的新变化。

第二，牢固树立民本意识。领导干部在工作中要坚持执政为民，突发事件中要坚持以人为本，关键时刻要尽心尽职，这是正确有效引导舆论的基础和保证。做到了这一点，即使遇到天灾人祸、突发事件，也根本用不着为正确引导舆论劳心费神，更不用去挖空心思封堵媒体。对媒体越开放、越透明，舆论氛围就越有利。否则，谁都无法正确处理与现代传媒的关系。

第三，拓宽公众诉求表达渠道，维护人民群众合法权益。提高社会舆情引导能力，关键在于创新社会管理方式，构建有效的公共讨论平台，引导不同领域、不同层次的人们公开、平等地进行对话和交流；社会舆情应对主体应主动、快速、有效地回应公众的合理诉求，在与公众的交流互动中把体现党的主张和反映人民心声统一起来，把坚持正确舆论导向和通达社情民意统一起来；健全利益协调机制，维护好人民群众的合法权益。

第四，加快社会舆情领域法律和制度建设。通过完善立法、严格执法，保护公民的言论自由和隐私权、名誉权等，对谣言、诽谤等负面舆情进行预防、限制、惩处，保障公民合法权益，维护社会和谐稳定。加强网络法制建设，加快形成法律规范、行政监管、行业自律、技术保障、公众监督、社会教育相结合的互联网管理体系。健全完善行业自律制度，努力形成激励与约束相结合、自律与他律相结合、内部管理与社会监督相结合的有效机制。督促网络运营服务企业履行法律义务和社会责任，不为有害信息提供传播渠道。

第五，坚决摒弃封堵思想。媒体管理以疏为主，是形势发展的必然选择。实事求是地讲，就是想堵，也堵不住。如今，媒体报道的时间界限、空间界限、属性界限等都被打破了，对于一些新闻资源和媒体事件，根本无法封堵。因此在引导舆论上，要多疏少堵。要根据各地部门实际情况，建立新闻发言人和新闻通报制度，加强与新闻媒体的沟通，及时发布准确权威的信息，变被动为主动，就能先入为主，确保更准、更快、更好地引导舆论。

第六，及时抢占舆论先机。在互联网时代，舆论的传播比任何时代都要快，范围都要广。舆论传播中有“先入为主”的规律，人们在接受信息时，总是相信第一次听说的情况，而对后来的说法总是存有怀疑。中国社会科学院新闻研究所所长尹韵公说，“新闻有个‘先入为主’的特点，一旦事情公布出去，传播速度很快，就算马上进行纠正，一般来说效果也不会太明显。因为纠正的速度跟不上首先传播出去的速度”。因此，如何在舆论发生时，抢占舆论先机，进行信息发布，掌握话语权，进行议题设置就显得至关重要。领导干部必须第一时间在舆论引导关键期抢占先机，积极回应舆论的焦点问题，迅速调查事件根源所在，及时处理事件中的不法行为。同时要根据事件进展情况，充分发挥主渠道作用、利用技术手段疏导网民情绪、封堵不法信息，发布有关权威信息、杜绝小道消息的蔓延。只有快速地发布消息，才能使政府掌握舆论引导的主动权，从而避免虚假消息铺天盖地，使工作陷于被动。

资料链接

央视“5·12”汶川地震话语权的掌控

2008年5月12日14点28分，四川省阿坝藏族羌族自治州汶川县发生8.0级大地震，中央电视台随即围绕此次特大自然灾害展开一系列具有突破性的报道，中国的政府形象也由此大大提升。汶川地震发生在14点28分，新华网在18分钟后即14点46分29秒发布消息，之后，中央电视台在15时许便播出了第一条与灾情相关的新闻。随后，在经过仅20分钟的准备后，15点20分开始，央视一套和新闻频道取消原有节目，开始直播特别节目《关注汶川地震》。在不到一个小时的时间里，央视一套和新闻频道已经正式启动了24小时直播，形成全天候播出的“抗震救灾、众志成城”特别节目，并以播报、访谈、连线等形式，同时借助画面、图像等手段不间断地向观众提供灾情信息，呈现政府与民众齐心协力抗震救灾的场景。据统计，中央电视台各频道至5月20日进行了676小时的“同一主题不间断播出”，在灾后信息发布过程中起到了主力军作用，赢得了国际国内舆论的好评。

第七，提高网上舆论引导能力。在开放的网络媒体中，任何个人都可以成为信息接受者和发布者，这就加大了党和政府对舆论引导的难度。适应网络的特点，不断提高网上舆论引导能力和水平，是新时期宣传思想工作对互联网宣传提出的新要求。一是建立信息披露机制，防范舆论危机传播。坚持从“网上来”到“网上去”，建立网上新闻发言人制度，适时组织网上信息发布，满足人们对公共信息的需求。特别是要增强对突发事件的舆论把握能力和引导能力，抢占舆论引导先机和主动，最大限度地压缩小道消息、政治谣言和攻击性言论在网上的传播空间。二是针对网上强大的炒作力量，建立与之匹配的正面引导力量。培育一支政治素质高、有影响力的网上评论队伍，积极组织评论员参与网上跟帖和讨论，号召广大领导干部参与网评，扩大网上主流声音，增强正面控制力；注重培养“意见领袖”，增强网上权威声音的力量，通过有号召力的正面言论孤立非主流言论。三是引导群众通过网络有序参与国家政治生活。根据网上宣传形势的需要，利用网络的互动功能组织在线交流、网上访谈、网上讨论等活动，引导网民发言讨论，把网民的注意力吸引到特定方向。四是科学设置网上宣传议程，围绕时政新闻热点和网上热点难点问题，适时发表政策解读文章与正面评论，主动引导网上舆论热点。

第八，建立高效的新闻发布机制。经验和教训告诉我们，新闻发言人机制是避免媒体炒作、消除谣言、引导舆论、树立政府形象的一个非常有效的手段。建立高效的新闻发布机制要注意以下三点：一是主要领导干部应直接推动各部门通力协作，建立健全新闻发布制度，确保新闻发布工作规范有序。二是及时回答民众所关注的问题，遵循新闻规律建立科学的工作机制，确保新闻发布工作透明、高效。三是加强新闻发言人队伍建设，配置新闻发布会必需的各项硬件设施，体现新闻发布的亲和力和权威性。在建立新闻发布机制时要十分重视对新闻发言人的选拔、培训。

第九，提高应对负面报道的能力。正面报道与负面报道是一个问题的两个方面。在舆论宣传过程中，需要保持合理适度与相对平衡，充分发挥正反两方面报道的功效，为我所用。保持适量、适度的负面报道，对于改进工作、遏制不正之风、加强对权力规范运作等，会起到很好的作用，这也是新闻媒体功能的体现。所以，对一些符合事实真相出于改进工作为目的的监督报道要虚心接受。如果出现了明显歪曲事实、扩大事态、造成恶劣影响的报道，就应当采取一些措施，消除其负面影响。通过与媒体人员的交流寻找解决问题的方法，提供有说服力的新闻稿，真正做到让事实讲话，受众也可以接受。一些批评报道播发后多多少少会对负责具体工作的领导干部造成一定的影响。此时，一味指责媒体，敌视记者，很可能会对自身形象造成更大的损害。最好的办法是，静下心来查找问题努力改进工作，与媒体合作；必要时，可与媒体协调，通过媒体，挽回形象。

第十，加强教育引导。引导社会舆情健康发展，需要在全社会树立正确的价值导向，最大限度地扩大社会认同、形成思想共识。为此，应在全社会广泛开展社会主义核心价值体系宣传教育活动，使马克思主义指导思想、中国特色社会主义共同理想、以爱国主义为核心的民族精神和以改革创新为核心的时代精神、社会主义荣辱观等在全社会得到广泛认同，不断巩固全党全国各族人民团结奋斗的共同思想道德基础。面对世界范围思想文化交流交融交锋形势下价值观较量的新态势，面对改革开放和发展社会主义市场经济条件下思想意识多元多样多变的新特点，积极培育和践行社会主义核心价值观，对于巩固马克思主义在意识形态领域的指导地位、巩固全党全国人民团结奋斗的共同思想基础，对于促进人的全面发展、引领社会全面进步，对于集聚全面建成小康社会、实现中华民族伟大复兴中国梦的强大正能量，具有重要现实意义和深远历史意义。

延伸阅读

代表开博问政成时尚

自微博兴起以来，在国家召开“两会”期间，很多代表委员将微博作为与民众交流互动的首选工具，或热议国家大事，或展示自己的提案议案。这使得微博更加形象而有效地展现在网民面前，网民的正确使用也显示了微博积极的引导作用。

在2012年3月召开的“两会”期间，共有363名代表委员开通了微博，仅腾讯微博平台上关于“两会”的消息就超过了500万条，微博成为一条看不见的纽带，拉近了代表与百姓之间的距离。微博成为代表、委员进行交流与沟通的新平台，各类议题在微博上引发热烈讨论，如“乞讨儿童问题”、“个税改革问题”、“农民工问题”等热点问题，引起了公共的广泛关注与积极互动。

在“两会”期间，主要微博平台在为代表委员进行身份认证之外，还以“微访谈”（新浪微博）、“直击两会”（腾讯微博）等为题推出丰富多彩的专题栏目，为网友与代表提供了对话沟通、积极互动的新平台，第一时间将各种新闻和信息送到网友手上，形成极具特色的信息发布和互动模式。无论是代表委员的提案还是网友们的美好愿景和意见建议，都通过微博这个平台“晒”出来，网友与代表委员沟通不再有时空阻隔，不再有沟通成本，形式活泼方法多样，成为两会的一大亮点。有网友微博为证：“线上聊天的是总理，报告里有了我的建议，会场内讨论着我的问题，网上有了虚拟议事厅，微博成了新助理，两会不再陌生。”

2012年9月29日，新华微博着力打造的“十八大代表微博群”正式上线。浙江省委常委、组织部长蔡奇的个人实名认证微博也同步在新华微博闪亮上线，与郭明义、宋鱼水等广为大家熟悉的十八大代表一起，成为该群的一员。“十八大代表微博群”让权威声音通过新华网的传播平台亲切表达，为网民和代表们搭建一座无障碍交流平台。

在党的十八大和全国两会召开期间，微博成为代表委员与民众密切交流的重要平台，党和政府以开放坦诚的态度站在网民面前，网民对这种对话沟通形式的喜爱也显示了微博所具有的积极引导作用。

随着信息技术的快速发展和我国网民人数的不断增长，微博问政成为“民意直通车”，以其在信息传播过程中的独特优势在体察民情、集纳民意、发挥民智等方面起到传统媒体难以起到的作用。微博是代表体察民意的有效平台，代表为民立言，通过微博与民沟通；各级政府官员积极开通微博，通过微博拉近了与民众的距离，使微博成为连接代表与民众的桥梁与纽带。

2011 年，胡锦涛在省部级主要领导干部社会管理及其创新专题研讨班开班式上就抓好社会管理创新工作问题谈了 8 点意见，其中强调：“要进一步加强和完善信息网络管理，提高对虚拟社会的管理水平，健全网上舆论引导机制。”贾庆林 2011 年 3 月在作政协全国委员会常务委员会工作报告时指出，“要积极探索利用互联网收集社情民意”。中央领导对网络民意的高度重视促进了微博问政的发展。目前，我国网民数量位居世界第一，微博不仅对普通民众产生了重大影响，对政府也产生了重大影响。可以说，网民的网络问政推动了政府进入网络执政时代，这对打通社情民意通道、提高政府的服务能力与服务水平提出了更高的要求。

第六章

善用媒体做好宣传工作

注重宣传，是我们的传统。媒体是宣传工作的有效载体，在媒体格局发生深刻变化的条件下，我们必须要注重运用媒体来造势。善于运用媒体造势，通过媒体实现“上情下达，民意反馈”，这是做好宣传的有效途径，也是坚持从群众中来、到群众中去的工作方法的体现。媒体具有社会控制的功能，新闻议程设置是促进媒体更好地行使职责、发挥功能的一种方法。领导干部要尊重新闻议程设置的内在规律，遵循一定的原则，要事先做好媒体策划、撰写新闻稿等，利用多种媒体形式，做好宣传工作。

一、媒体造势是做好宣传工作的有效途径

国务院网站的资料中，对宣传部的翻译不再是以前的 Propaganda，而是 Publicity。这两个词汇有着非常重要的区别。前者强调灌输、宣传、铺天盖地的重复，后者强调公开、引导、公关。这是政府面对新时期媒体变化的主动应对。

自古以来，注重宣传，是我们的传统。革命战争年代，毛泽东同志将宣传工作和武装斗争比作“车之两轮、鸟之双翼”，不可偏废。改革开放以后，邓小平同志一再强调，在工作重心转到经济建设以后，全党要研究如何适应新的条件，加强党的思想工作，要坚持“两手抓，两手都要硬”的方针。江泽民同志反复强调，宣传思想工作关系到建设中国特色社会主义事业的全局，舆论导向正确是党和人民之福，舆论导向错误是党和人民之祸。越是改革开放和发展市场经济，越要动员和团结群众，越要重视宣传工作。胡锦涛同志也指出，宣传思想工作是党和国家工作的重要组成部分，在中国特色社会主义事业全局中具有重要地位，发挥着不可替代的作用。习近平同志 2013 年 8 月 19 日在全国宣传思想工作会议上指出，宣传思想工作一定要把围绕中心、服务大局作为基本职责，胸怀大局、把握大势、着眼大事，找准工作切入点和着力点，做到因势而谋、应势而动、顺势而为。实现党的宏伟蓝图，宣传思想工作担负着统一思想、凝聚力量的重大任务，担负着推动社会主义文化大发展大繁荣、兴起社会主义文化建设新高潮的重大使命。

在 2013 年 1 月 4 日举行的全国宣传部长会议上，中共中央政治局常委、中央书记处书记刘云山强调，在社会思想意识多元多样、媒体格局深刻变化条件下做宣传思想文化工作，要牢固树立四种意识：一是要树立政治意识，对于党的基本政治路线、重大原则问题、重要方针政策，要有正确的

立场、鲜明的观点、坚定的态度。二是要树立服务意识，坚持以人民为中心的工作导向，努力满足群众精神文化需求，让文化发展成果更多更公平惠及全体人民。三是要树立问题意识，“问题是时代的声音”，要善于发现问题、提出问题、直面问题、研究问题、回答问题，积极推动问题的解决，集聚推动发展的正能量。四是要树立改革创新意识，深入推进体制机制创新、内容形式创新、方法手段创新，不断推动宣传思想文化工作与时俱进、健康发展。

党的十八大报告描绘了新的宏伟蓝图，明确了新的目标任务，指明了前进方向。面对新的形势和任务，宣传工作不断提高科学化水平，充分发挥宣传工作在发展中国特色社会主义事业中的重要作用，需要各级领导干部树立十种理念：一是党的领导的理念。始终坚持党的领导，是我们各项事业取得胜利的根本保证。二是服务大局的理念。服务于党和国家工作大局是提高宣传思想工作科学化水平的首要任务。三是以人为本的理念。以人为本是提高宣传思想工作科学化水平的核心理念。四是求真务实的理念。求真务实是科学发展观最鲜明的精神实质之一。只有牢固树立求真务实的理念，才能确保宣传思想工作取得实效。五是改革创新的理念。改革创新是宣传思想工作永葆生机活力的根本所在。六是典型引路的理念。典型引路是提高宣传思想工作科学化水平的重要手段之一。我们党历来重视先进典型的作用，雷锋、焦裕禄、孔繁森、杨善洲等一大批先进典型，始终在激励着人们为中国特色社会主义事业而奋斗。七是文化自觉的理念。高度的文化自觉是推动文化繁荣发展的思想基础和先决条件。八是诚实守信的理念。诚实守信是提高宣传思想工作科学化水平的道德基础。九是团结和谐的理念。团结和谐是宣传干部干事创业和提高宣传思想工作科学化水平的前提条件。十是廉洁自律的理念。廉洁自律是每一位党员干部的立身之本、处事之道和为政之要。

宣传工作的特殊地位是由它能够产生强大的舆论引导作用所决定的。

在当代社会，宣传工作更多的是通过媒体报道来实现的。所以，在新的历史条件下，宣传工作一定要注重运用媒体来造势。一个时期的宣传工作，既要有平缓的地方，也应有突起的时候。这就是宣传工作的“势”。宣传工作要借助媒体造好势，应该注意以下几个方面：

第一，要抓住热点。只有选择当前的热点问题来做才能成势。抓住热点既是媒体造势的基础，更是我们造势的目的。不是群众关心的热点、难点，既造不成势，更无造势之需。是热点，造势就有了良好的基础，群众的热情和注意力一下子就被激发出来和调动起来。反之，群众不关心的话题，任你怎样推波助澜，群众也会无动于衷。运用媒体造势，不是为造势而造势，我们选择群众的热点问题造势，其根本目的，有时是为了满足群众的知情权，有时是为了推动热点问题的早日解决，为群众服务。运用媒体选择热点造势时，一定要慎之又慎地选好题材和角度，否则就可能发生舆论导向错误。

第二，要选准时机。人们对某件事件的热情以及认知程度是需要不断激发的，第一篇报道也许毫无感觉，第二篇才有了些许感觉，第三篇报道才认识到事件的重要性。只有随着媒体相关报道的深入，以及这个报道的影响力的扩散，了解和认可的人才会越来越多。基于这样的认识，在新闻实践上，常常会把一个很重要的新闻报道拆开来分成数天完成，以达到吸引更多眼球的目的。所以说，“势”是需要时间控制的，太短了不成，太长了也不行。

第三，要提供好的内容。媒体是宣传工作的有效载体，宣传工作本身必须提供一定数量的上乘的新闻作品。换言之，媒体要造势，在内容上还必须达到一定的广度和深度。广度，即该事件新闻价值的各个层面；深度，即该事件新闻价值的核心。不仅如此，在新闻报道发布的时间顺序上也是有一定规律的。一般的做法是，先少后多，先弱后强，由浅入深，步步推进，最后是高潮。高潮之后可能还有一些零零星星的价值不大的新闻。

第四，要促使信息互动。互动就是让受众参与到媒体报道中来，成为媒体报道的主角以及媒体事件的主角。广泛的受众参与既是造成舆论强势的重要手段，也是造成舆论强势的最重要的标志。一旦受众广泛参与其中，媒体报道就会更生动，内容就会更丰富，媒体价值就会得到进一步延伸。

资料链接

亚美尼亚地震后的媒体造势

1988 年 12 月 7 日，巨大的震动摇撼了位于俄罗斯南部的亚美尼亚地区。四分钟之后又发生了规模 5.8 级的余震。斯皮塔克镇被完全夷平，全镇 2 万居民大多数罹难。亚美尼亚大地震发生后，苏联宣传媒体及时、充分、持续地向国内外介绍地震灾情和救灾情况。从震后第二天起，各大报纸和电台、电视台都大量报道地震消息；外交部几乎天天举行记者招待会，介绍灾区情况。从震后第四天起，外国媒体记者可以自由进入灾区采访。截至 1989 年 1 月上旬，仅西方四大通讯社从灾区发出的有关地震的报道就有好几十万字。“让外国人帮助宣传”的做法，对赢得国际上的同情和支持起了相当大的作用。与此同时，原苏联驻美国和欧洲各国的外交机构在地震后也都分别举行记者招待会，向驻在各国政府和公众通报灾情，主动要求帮助。

据统计，有近 80 个国家向苏联提供了 1 亿多美元的援助；此外，数十个国家向苏联灾区派出了包括医生、抢险队和地震专家在内的各类救灾人员 2000 余人；世界各国政府、红十字会和其他民间组织向灾区提供了大量医疗器械、药品及活动医院，各种救灾车辆、推土机、起重机、衣物、食品、帐篷等物资，提供援助的外国飞机共 286 架次。这场被西方宣传媒体称为“史无前例的国际大援助”，对抢救灾民、消减地震灾害影响发挥了重要作用。

此外，宣传工作运用媒体造势，要把握一个度，不能同时造势过多，过多的势等于没势，就像过多的重点等于没有重点一样。

宣传工作，有了媒体造势可以更好地发挥六大作用：一是宣传政府和领导干部的治理方略，赢得公众支持，消除改革阻力；二是宣传当地的各种环境，凝聚人心，吸引外来投资；三是赢得上级领导及部门的支持；四是推动难点、热点、焦点问题的解决，赢得理解、争取人心；五是加强沟通，维护地区稳定；六是传递信息、服务民生。

宣传工作随着社会的发展也在不断出现新的情况，但是宣传工作的特殊地位和舆论引导功能始终是没有改变的。在当代信息社会中，善于运用媒体造势，通过媒体实现“上情下达，民意反馈”，这是做好宣传的有效途径，也是坚持从群众中来、到群众中去的工作方法的体现。

宣传思想工作要跟上时代的节拍，理念创新、手段创新和基层工作创新这“三个创新”，是重中之重。理念创新，就是要保持思想的敏锐性和开放度，打破传统思维定势，努力以思想认识新飞跃打开工作新局面。手段创新，就是要积极探索有利于破解工作难题的新举措新办法，特别是要适应社会信息化持续推进的新情况，加快传统媒体和新兴媒体融合发展，充分运用新技术新应用创新媒体传播方式，占领信息传播制高点。基层工作创新，就是要把创新的重心放在基层一线，扎实做好抓基层、打基础的工作，充实队伍力量、改善工作条件，提升基层宣传思想工作的能力与水平。做好这“三个创新”，才能把握社会脉搏、反映时代精神、贴近现实生活，让宣传思想工作始终成为社会进步的先导。

二、新闻议程设置是媒体宣传的主要依据

表面上看，一个媒体，报道什么、何时报道、怎样报道，采用什么样报道篇幅、报道频率，用不用图片、怎么用、标题怎么写、版面位置、字体等问题纯属媒体业务问题，但决定这些问题的是人，是形形色色制定编

辑方针、把持不同关口的“把关人”。他们通过编辑方针给事件定调，设定自己的议程，并通过这种方式影响社会、影响公众舆论。这就涉及政府的新闻议程设置问题。

在我国，议程设置的观念和方法仍然有些落后，政府很多时候议程设置滞后，往往是在事件发生后才进行引导。在西方国家，政府不能硬性控制新闻报道，但他们会采用积极与媒体合作的方式，实现对新闻舆论的隐性引导。当热点事件发生后，政府往往通过召开新闻发布会来接受媒体访谈，也会通过网络新闻发言人对突发事件的进展予以持续、动态的信息发布，这些做法都能够有效拓宽信息传播渠道，也是我国可以借鉴并采用的。

媒体具有社会控制的功能，以沟通、扩散、宣传、教育、组织、协调、纠偏、排异等行为对社会的政治、经济、文化发展产生影响，对人们的思想行为规范实施控制。新闻议程设置是促进媒体更好地行使职责、发挥功能的一种方法。政府新闻议程设置的理念实际涉及的是新闻如何围绕特定的目的设置议题，使之达到影响社会、影响公众舆论的效果，它是传者和受者之间一种相互牵动、相互作用的双向关系。

资料链接

“议程设置”研究的缘起

20世纪70年代，美国传播学者麦克斯维尔·麦库姆斯和唐纳德·肖通过实证研究发现，在公众对社会公共事务中重要问题的认识和判断与媒体的报道活动之间，存在着一种高度对应的关系，即媒体作为“大事”加以报道的问题，同样也作为大事反映在公众的意识中；媒体给予的强调越多，公众对该问题的重视程度越高。根据这种高度对应的相关关系，他们认为大众传播具有一种形成社会“议事日程”的功能，媒体以赋予各种议题不同程度“显著性”的方式，影响着公众瞩目的焦点和对社会环境的认知。

政府新闻议程设置功能的特点有三：一是传播效果分为认知、态度和行动三个层面。二是议程设置功能考察的是整体的大众传播具有较长时间跨度的一系列报道活动所产生的中长期的、综合的、宏观的社会效果。三是议程设置功能暗示了媒体是从事“信息再加工”的机构。

资料链接

议程设置作用示意图

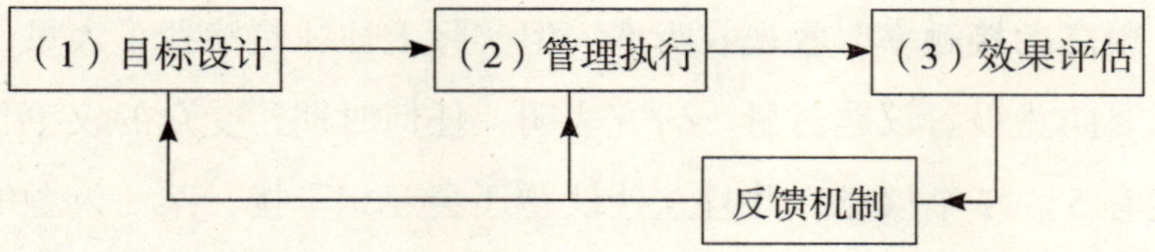

新闻议程设置是政府通过传媒进行宣传的主要理论依据之一。媒体经过连续的新闻选择与发布，影响着公众对什么是当前重要问题或事件的感觉；在媒体的议程和公众的议程之间，存在着一种因果关系，即经过一段时间，媒体的优先议题将成为公众的优先议题，而各级政府往往通过引导媒体进行信息发布和宣传，来实现对人民群众的议程设置。

做好宣传工作，政府就要尊重新闻议程设置的内在规律，遵循一定的原则。政府新闻议程设置要遵循以下原则：围绕热点、总体规划、主导舆论、服务中心、规范议程、信息把关和以人为本。在设置新闻议程时，首先，领导干部必须明白自己是干什么的，自己的工作目标是什么。其次，领导干部要清楚做好新闻议程设置工作需要具备哪些条件，要知道怎样才能做好设置工作。再次，在这个过程中，计划的执行者应该时刻监视着环境和条件的变化，适时地调整执行的策略，从而保证目标的有效实现。对于新闻议程设置工作而言，这就需要建立科学规范的评估机制。只有通过科学的评估，领导干部才能清楚地知道宣传工作所处的位置和状态，才能清楚自己做得怎么样，还需要做什么和怎么去做。而这些问题都可以进行量化的分析和处理。

在现实的宣传工作中，一定要重视新闻议程设置的一系列制约因素，以避免对议程设置的误用和滥用。一要重视议程周期。有研究认为，新闻议程对公众议程的影响大概出现在新闻报道后的 5 ~ 7 周，在报道后的 8 ~ 10 周对公众议题冲击最大，而在具体的宣传工作中，常见的是大规模的集中宣传报道，利用各种媒体的显著位置或黄金时段，在短期内发布大量的宣传信息。这种做法，看似很有气势，铺天盖地，从统计数据上看似乎也具有很高的接触率、收视收听率，但实际上往往是浪费了大量的媒体资源。二要防止设置议题过量。研究表明，任何时期，受众的议事日程中最多只能有 5 ~ 7 个议题，并且这些议题还会互相干扰，某一议题的显著度受其他议题的影响。大部分情况下，上下级政府的宣传工作中心都是一致的，但也有不少时候，各级政府各有其需要宣传的内容，并且每级政府需要宣传的议题不止一个。这时，媒体议程中究竟有多少议题可以进入公众议程、各级政府的宣传议题能有多少发挥效用，就很难说了。三要避免不当使用议程设置。研究发现，媒体级别越低，议程设置对舆论的影响力就越差，而问题越宏观，媒体议程设置效果就越显著。这是因为，人们一般认为经过切身体验认识到的东西是可靠的，外界的灌输一旦受到自身体验的质疑，其影响力就会大打折扣。对于超出自身接触范围的远距离的或宏观的问题，才容易受媒体影响。

三、媒体策划是宣传工作的生命

策划是什么？策划是一种程序，是一种运用脑力进行事前设计，然后让目标更为顺利达到的过程。领导干部对于宣传需要目标策划，管宣传的部门需要总体策划，媒体自身也同样需要项目策划。对一个地方的宣传部门而言，光会组织宣传选题还不行，还要进行宣传力度、时间段、覆盖面、媒体组合的策划；对一个记者编辑而言，光会写还不能算是好记者，衡量其能力的就是具体的新闻案例策划。策划是检验我们宣传报道水平和能力的一个重要标准，媒体策划是宣传工作的生命。

凡事预则立，不预则废。怎样策划？策划有几种？专家们在研究中各执己见，媒体间也在实施中各显神通。由于策划在宣传工作中产生的强大效能，不少媒体在博弈中纷纷借助于策划的“魔力”。

资料链接

“三三制”策划机制及模式

《海南日报》积极建立并大力推行了“三三制”策划机制及其模式。周文彰同志在《让党报更好看》一文中，对此曾作过如下阐述——这个机制包括两个三：一个“三”是在策划主体上，总编辑、副总编辑要做新闻策划，使整张报纸的报道内容大都是精心安排的结果；部门主任、副主任要做新闻策划，这样就有了时政新闻策划、经济新闻策划、都市新闻策划、农村新闻策划等；版面编辑和记者个人要做新闻策划，有意识地组织本版面的新闻报道活动和充分挖掘每一个新闻资源。这可以叫做“三级策划”。另一个“三”，就是在策划时段上，本月策划下月，本周策划下周，今天策划明天。这可以叫做“三段策划”。

策划，使《海南日报》的办报质量迈上了新台阶。策划，使《海南日报》好戏连台。

毋庸置疑，媒体策划确是宣传工作实现最佳传播的一项创造性活动。策划可使宣传工作在运用媒体获取和配置资源中，精心选择新闻角度，锐意提炼报道主题，运用不同的形式、技巧和手段，变共享的资源为独家产品，使推出的报道别开生面，独树一帜，出奇制胜。以往，我们的宣传缺乏策划。因为缺乏策划，使得宣传千人一面，严肃有余，生动不足；使得宣传形象零碎，形不成合力，给人印象不深，回味不多；使得宣传工作显得假大空，群众不爱看，不想看。没有了策划，宣传自然失去了效力。那么，究竟遵循什么“策划”原则，才能达到预期的媒体宣传效果呢？

第一，围绕中心工作来策划。策划必须紧密围绕党和政府的决策，媒体必须服务于改革、发展、稳定的全局，服务于中心工作。媒体和媒体的管理部门必须具备高度的政治敏感和责任心，勤于关注，善于寻找，精于把握每个阶段的工作重点，建立起正面宣传策划的规划、选题、报道的运作体系。

第二，围绕民生关注的焦点热点来策划。策划就要对群众关注的社会热点、难点、焦点问题，予以追踪、分析。能够吸引受众的眼球、引起受众共鸣的新闻事件，都是媒体追逐报道的对象。越是本地的新闻，越容易受人们关注，因此，党政部门如果能将自身工作的宣传与老百姓关注的焦点热点问题结合起来，更多地选择与本地群众关联程度高的行政行为、领导活动，选择需要公布、群众欲知的行政政策和重要事件等作为策划目标，这样的主题容易激发媒体的报道兴趣。

第三，围绕先进典型来策划。社会需要正确的价值导向。典型宣传一向是我们的有力武器，是我们长期以来屡试不爽的“法宝”。好的典型宣传，应该覆盖社会阶层的方方面面。比如，我们应该策划宣传好公仆、好市民、好警察、好校长、好企业家、好教师、好民工，宣传各种阶层里的优秀人物，知荣辱，树新风，有效弘扬时代的主旋律。

第四，力促政府和领导干部形象优化。政府和领导干部的形象是党的执政基础的重要组成部分。信息时代、拟态环境下的政府和领导干部形象建设，最根本的当然还是靠全心全意为人民服务。但是，如果能把媒体策划作为完善和提升政府和领导干部形象的重要补充，让各级政府和领导干部在人们心目中的形象不断优化，让各级领导干部在人们心目中的可信任度进一步提升，那么，政府的工作将事半功倍。

第五，以客观事实为基础。事实是第一性的，策划是第二性的。客观真实性是任何媒体策划必须遵循的基本原则之一，政府的媒体宣传策划也不例外。在政府的微观策划中，要把党和政府的观点、主张融入到、渗透到事件的选择和报道中。活动和事件发生的时间、地点、人物等要素，都必须与客观实际相符合，必须实实在在、客观真实。

资料链接

"拯救女兵林奇"的宣传闹剧

2003年3月23日，来自西弗吉尼亚的女兵林奇所在的小队在纳西里耶遭到伊军伏击，9名美军丧生，只有她幸存了下来，后被伊军送进医院。4月2日，正当美伊双方激烈交火时，美军特种部队乘直升机从天而降，将林奇从医院中救出。几小时后，电视台播放了这次行动的画面。当时的画面是夜视摄像机拍摄的，最后人们看到了获救后林奇的脸。据说，她是一直与敌军战斗到最后才成为俘虏的。她被敌人的子弹击中，并被匕首刺伤。一位名叫肯普夫纳的记者对美方的这个故事产生了怀疑。于是他前往纳西里耶寻找故事的破绽。后来他发现，这次行动完全是场戏。纳西里耶医院的医生说，林奇是由于遭伏击时卡车翻车而受的伤，当时他们给予了林奇所能做到的最好的治疗。该医院医生哈里西说他并没有在林奇身上发现美军描述的枪伤和刀伤。他说："我亲自为她做的检查。发现她的一条胳膊和一条腿骨折，一只脚的脚踝脱臼。她体内并没有子弹，身上也没有刀伤。”肯普夫纳曾向美国国防部的发言人索要营救行动的原始录影带以澄清疑点，但遭到拒绝。美国国防部策划的这出新闻闹剧，违背了策划“以客观事实为基础”的原则，损害了美国军方的公信力和美国政府的国际形象。

第六，有利于公众利益。策划的新闻必须保证不但无损于社会和公共的利益，而且有利于社会的和谐稳定和发展。在策划选题时，要尽量围绕这一原则行事，否则，就会误入歧途，害人又害己。

第七，坚持不断创新。创新是一个民族进步的灵魂，是一个国家兴旺发达的不竭动力，也是一个政党永葆生机的源泉。宣传工作要与时俱进，运用媒体策划做好宣传工作也要坚持创新。创新是策划的生命，好的策划来源于不断创新。策划必须新颖，否则就没有生命。没有新内容、新形式的东西，不会有媒体关注。宣传活动一定是为某个具体的宣传任务、目的而创造出来的，是有自己的使命的。每一次宣传活动肩负的使命都不完全相同，任务本身的“新”当然也要求宣传策划的创新。同样的形式可以反复使用，但是必须有一个前提条件：要有新的内容。当宣传内容没有实际性新意的时候，必须在宣传的形式上有所创新。

资料链接

“3·15”宣传的历年主题

“3·15”的宣传，工商部门已经连续宣传了好多年，之所以每次还能那么吸引媒体和公众的关注，很重要的一点就是每年的主题和形式都在变化。

2013 年：我的权益我做主

2012 年：共筑诚信有你有我

2011 年：消费与民生

2010 年：消费与服务

2009 年：消费与发展

2008 年：汇聚我们的力量

2007 年：消费和谐

2006 年：消费与环境

2005 年：健康·维权

2004 年：诚信·维权

2003 年：营造放心消费环境

2002 年：科学消费

2001 年：绿色消费

2000 年：明明白白消费

1999 年：安全健康消费

1998 年：为了农村消费者

1997 年：讲诚信反欺诈

第八，策划不能过头，切忌弄巧成拙。宣传策划在道理上一定要站得非常稳、非常坚实。换句话说，宣传策划的主题必须严格符合本部门的根本职能要求和群众的基本期盼。如果只是对自己有利而对群众不利的东西，不但发挥不了作用，最终还会弄巧成拙，适得其反。

现阶段，我国各级党政机关大部分没有专门的新闻宣传策划机构，大多缺乏专业的策划人才，根据当前党政机关宣传机构和宣传干部的现状，政府媒体策划的人选可以是党政领导、宣传干部、专家学者，也可以是编辑、记者。在具体的策划中，主题涉及的有关部门的领导和业务处室的干部也有可能参与，成为策划的主体。

总之，在宣传工作中，只有运用媒体搞好策划，通过对媒体和信息资源的开发、解构和提炼，去粗取精、去伪存真，出炉的作品才会更真实、更优美、更深刻，因而也更可读、可信，更具权威性和指导性、感染力和影响力。

四、新闻宣传稿的撰写技巧

宣传稿是指组织宣传活动的主体单位根据自己的需要准备的向大众媒体发放的一种宣传稿件。它通常由标题、导语、正文三个部分组成。它是一种通用的宣传稿件，即向不同的大众传播机构提供的信息内容是相同的。其目的是要统一对外宣传的口径，防止人多口杂，引起公众的误解，追求的是满足宣传主体单位的目的和意图的实现。宣传稿的写作要遵循一定的原则，掌握一定的技巧。各级领导干部在准备宣传稿的过程中，需要注意以下几个方面，力求做到妙笔生花。

第一，要有政治头脑。在宣传稿的写作中要有高度的政治敏锐性，搞好把关工作。所谓把关，就是在写作中一些重要问题上把住关口，不出任何差错。从工作实践看，平时主要应把好三个关口，即：把好政治关，把好政策关，把好保密关。一要善于站在政治上全局上思考问题、把握问题。有些事情在局部看来可行，从全局上看就不一定能宣传；有些事情暂时看可行，从长远看就不一定能宣传；有些事情就事论事的看可行，但站在政治的高度就不能宣传。因此，有没有政治头脑、政治眼光、政治敏锐性、政治辨别力，是衡量一个领导干部特别是宣传主管领导干部是否称职的重要标志。二要坚决贯彻执行国家的法律法令和上级的决策意图。党的路线方针政策、国家的法律法令、上级的命令指示，是把关工作的重要依据，也是坚持舆论导向正确的重要保证。三要加强理论修养。只有理论上的清醒，才能确保政治上的坚定。四要敢于坚持原则。要搞好把关工作，没有很强的原则性、主心骨是不行的。

第二，要培养对宣传素材的敏感度。同是一件事情，有人可能认为只是平常事，不值得宣传，有人却会认为很值得宣传，可能还是可遇不可求的优质宣传素材。这种差别就在于有没有敏感度。敏感度，就是识别宣传素材的敏锐能力。没有一定的敏感度，就很难写出一篇像样的宣传稿。培养敏感度，善于发现线索，就能够当事情还在“风起于清萍之末”时，就敏感地察觉到它，并预见它的去向，从而比较得心应手地写出好的宣传稿件。具有了一定的敏感度，就不会感到“巧妇难为无米之炊”。对宣传的敏感是在实践中不断培养训练获得的。因此，领导干部要转变观念，多下基层，更多地了解人民群众的实际生活，更多地从人民群众的角度来思考问题，从而找到更多的线索。只有这样，才能让自己对宣传素材的嗅觉更加灵敏，才能写出反映人民群众需求的真正有价值的宣传稿来，宣传工作也才能收到较好的效果。

第三，要注重积累、选择素材。“功夫在诗外”这句话，对于宣传稿的写作也是十分适合的，这里的功夫主要是积累写作需要的素材。人民艺术家老舍曾经说过：“先收集材料，越多越好。”这说明积累素材对写作的重要意义。素材是写作者从社会生活中摄取而来的、尚未通过提炼和加工的原始材料。没有材料的积累过程，就谈不上写作的问题。因此，要想写出好的宣传稿，就必须花更多的时间去下基层，走进人民群众的生活，尽可能搜集更多的素材，做到“厚积薄发”，这样写出的宣传稿才会更有分量。另外，对素材要认真进行选择、集中和提炼。收集材料要以一当十，使用材料要以十当一，得到的材料多，稿子里使用的材料少，这是一种正常的现象。但是获得材料不容易，因此，要想办法提高素材的利用率。一个重要途径就是尽量把精彩的素材转化为宣传稿的题材。要选择那些真实的、有较大宣传价值的、符合政策的材料作为宣传稿的题材，要使选择的材料新颖、生动、有特色，能够有助于说明、烘托和突出宣传稿的主题。

而没有被选为题材的素材，也不是全无用处，这需要我们搞好宣传素材的综合利用。

第四，要学会选定写作的角度。角度，是认识被报道对象的思想方法及对被报道对象各“侧面”把握水平的综合反映的结果。同样一个事件，选择不同的角度进行报道就会起到不同的效果。在写作宣传稿时，要想办法找出素材之所以构成为报道对象的特殊理由，因为这是一个重要的角度；同时要找出最便于读者接受的角度，实质上是对材料的归纳和梳理，并对读者认识、接受事实起到了一个“导读”的作用，这里边有一点要注意，就是要更多从人民群众的角度去写作。一般来说，在写作宣传稿时，要注意内容的思想角度、特色角度、读者角度、时间和空间角度。在这些角度上进行变换，可能会收到意想不到的宣传效果。

资料链接

《人民解放军百万大军横渡长江》赏析

原文：（新华社长江前线二十二日二十二时电）人民解放军百万大军，从一千余华里的战线上，冲破敌阵，横渡长江。西起九江（不含），东至江阴，均是人民解放军的渡江区域。二十日夜起，长江北岸人民解放军中路军首先突破安庆、芜湖线，渡至繁昌、铜陵、青阳、荻港、鲁港地区，二十四小时内即已渡过三十万人。二十一日下午五时起，我西路军开始渡江，地点在九江、安庆段。至发电时止，该路三十五万人民解放军已渡过三分之二，余部二十三日可渡完。这一路现已占领贵池、殷家汇、东流、至德、彭泽之线的广大南岸阵地，正向南扩展中。和中路军所遇敌情一样，我西路军当面之敌亦纷纷溃退，毫无斗志，我军所遇之抵抗，甚为微弱。此种情况，一方面由于人民解放军英勇善战，锐不可当；另一方面，这和国民党反动派拒绝签订和平协定，有很大关系。国民党的广大官兵一致希望和平，不想再打了，听见南京拒绝和平，都很泄气。战犯汤恩伯二十一日到芜湖督战，不起丝毫作用。汤恩伯认为南京、江阴段防线是很巩固的，弱点只存在于南京、九江一线。不料正是汤恩伯到芜湖的那一天，东面防线又被我军突破了。我东路三十五万大军与西路同日同时发起渡江作战。所有预定计划，都已实现。至发电时止，我东路各军已大部渡过南岸，余部二十三日可以渡完。此处敌军抵抗较为顽强，然在二十一日下午至二十二日下午的整天激战中，我已歼灭及击溃一切抵抗之敌，占领扬中、镇江、江阴诸县的广大地区，并控制江阴要塞，封锁长江。我军前锋，业已切断镇江、无锡段铁路线。

赏析：这是毛泽东撰写的一篇宣传性的新闻稿。毛泽东是一个舆论战的高手，他总是能够入木三分地抓住敌人宣传的弱点，然后加以痛快淋漓的口诛笔伐。这篇稿子短短几百字，我军势如破竹、战无不胜的强大威力，以及战士们高昂的士气、英勇的气概得到了充分的表现。这样的宣传稿件大长自己的锐气，大灭敌人的威风，堪称宣传通稿中的大作和精品。

第五，要精心拟好宣传稿的标题。标题是宣传稿的眼睛。一方面，读者只有看到标题有意思、有价值才会继续浏览；另一方面，生活节奏的加快使得很多读者都是通过浏览标题来扫描报道，所以标题必须要能抓住读者的视线才行。在给宣传稿定标题的时候需要注意以下几个方面：一是题文要相符合，不能虚张声势，空洞无物。只有认真思考和深入理解宣传的主题，才能写出比较恰当的标题，否则，既不能准确表达稿件的内容，又达不到吸引视线的效果，没准儿还会倒胃口。二是语言要生动，不搞噱头。

宣传稿既不要太过死板，毫无生气，也不要给人以花哨的感觉，使用过多的新潮词藻，而是要和本单位形象定位相符合。三是语言要简洁，详略要得当。标题的语言要简洁明了，正确表达意思。需要省略时，不能使意义表达不准确，那就得不偿失。四是要注意标题的逻辑结构。确定标题时不能以偏概全，造成失实。

第六，要使宣传稿的导语简约得当。导语是宣传稿中引导性的语言，可以根据需要添加，一般都是第一段，在宣传中起到吸引读者进一步阅读的作用。导语一般不宜太长，只需要稍微扩展一下标题就可以，一般不超过 100 字。这就要对宣传稿内容进行精心的提炼，不多说一句啰嗦的话，让人一看，时间、地点、人物、事件等要素一目了然。为达到此要求，在写导语的时候，可以注意以下方面的技巧：多用主动句，而尽量不用被动句；要短而精，不要大而全；要多写客观的事实，少要甚至不要有主观意见；数字要有力，名称要减省。

第七，要有高度的准确性，不能似是而非。宣传稿的写作要尊重事实，这是基本要求，也是其重要作用和价值所在。领导干部千万不要用自己的主观评价和臆断代替大量重要的事实，否则会使稿件空洞无物、言不及义。要做到“宁愿不说，也不能似是而非”。现实当中，公众对于政府和领导干部的形象角色有一种心理期盼，他们认为政府就是权威，政府的声音就是政策。政府各部门必须表现出坚定和确定的特点，最忌讳的是连自己都说不清，但还要发稿宣传。所以，那些还不成熟的属于讨论阶段的意见就不要在宣传稿里出现、宣布，以免引起公众不必要的慌乱，导致舆论失控。一般情况下，一篇宣传稿就说一个问题，把这个问题讲明白、说清楚，不要牵扯其他问题。在解释政策的时候，不能出现差错。政府是政策发布的唯一权威机构，一旦出差错，没有任何理由推脱，后果是不堪设想的，甚至是无法挽回的。

第八，要有较强的一致性。一是宣传口径要有一致性。作为政府，政策、规章方面的信息必须是统一完整的，对待同一问题，同一个机构不能出现不同的解释。否则，会让老百姓不知道应该相信哪一个，造成管理上的混乱。所以，宣传稿一旦公布，就成为统一口径的参照本，就要按照它的尺度来进行宣传。二是态度倾向要一致。对于任何一项宣传任务，都必须先弄明白目标和要求，然后根据这些来设计宣传策略。我们根据宣传策略写的宣传稿都会表现出这些目标和要求的倾向，在宣传稿中对待问题的倾向不要模糊，必须旗帜鲜明，态度坚定。三是宣传稿应该保持部门整体媒体形象设计的一致性。政府的各个部门的形象特点都不一样，宣传稿是体现这些特点的重要途径，所以要做到文字风格如实地表现各个部门的特点。

总之，各级领导干部要重视宣传稿的写作，掌握大的基本原则和宣传稿的写作技巧，力争使宣传稿既符合政府部门特点和需要，又能反映人民心声，促进宣传工作。

五、宣传工作要与“网”共舞

根据中国互联网络信息中心发布的统计报告显示，截至2013年6月底，我国网民规模达5.91亿，半年共计新增网民2656万人。互联网普及率为44.1%，较2012年底提升了2.0个百分点。目前，我国手机网民规模达4.64亿，较2012年底增加4379万人，网民中使用手机上网的人群占比提升至78.5%。手机上网催生了自媒体时代的到来。自媒体时代的特点就是人人都是新闻传播者，这种媒介使得新闻自由度显著提高。许多所谓的新闻事件就是凭借互联网酝酿、发酵的。

习近平同志在全国宣传思想工作会议上指出：“坚持团结稳定鼓劲、正面宣传为主，是宣传思想工作必须遵循的重要方针”，“必须坚持巩固壮大主流思想舆论，弘扬主旋律，传播正能量，激发全社会团结奋进的强大力量”。我们正在进行具有许多新的历史特点的伟大斗争，面临的挑战和困难前所未有。近年来，社会思想空前活跃，意识形态领域杂音噪音明显增多。领导干部要密切关注社会舆情，及时发现和深入分析倾向性、苗头性问题，有针对性地进行正面引导、深度引导，帮助人们澄清模糊认识、划清是非界限。新闻舆论处在意识形态领域的前沿，在事关大是大非和政治原则问题上，要有正确的立场、鲜明的观点、坚定的态度。领导干部要加强热点引导，析事明理、解疑释惑，引导社会情绪和社会心理朝着积极健康的方向发展。要做好网上舆论工作，加强和改进内容建设，加强网络社会管理，大力发展健康向上的网络文化，始终保持正确思想舆论占据网上主导地位。

做好新媒体环境下宣传工作，首先应当注意以下几个方面：

一要消除恐慌情绪，主动触网。在网络参与非理性化愈发严重的今天，领导干部不应仅是旁观者，更应成为网络参与者，主动参与网络热点事件的讨论，为化解社会矛盾注入理性力量。在网络时代，领导干部要切实改变以往官本位下形成的政府官员高高在上、盛气凌人的态度，以开放、平等的态度与网民进行真诚的交流。同时，既要主动运用微博、微信等社交类工具，更要利用这些工具加强与网民的沟通交流，对网民的提问应尽可能给予答复。

二要善于抢占先机，掌握话语主动权。舆论引领要抓住时机，在以互联网为代表的新媒体时代，谁抢到话语权，谁就掌握了主动。在网络平台上，一个新话题的提出，很可能会有成千上万条跟帖，领导干部要争取主动，这对引领舆论导向至关重要。互联网的跟风习惯盛行，一段理性的评论可以诱导接下来的评论也能沿着理性的轨道良性发展，而一段谩骂也会转眼招致跟帖人的一片“口沫四溅”，一旦舆论被少数人左右，本可以主动把握舆论方向的事情就变成了被动的舆情应对。

三要高度重视网络民意，摒弃听之任之的心态。领导干部要做好宣传工作，就要广泛关注互联网话题，不要认为和自己无关的话题就可以事不关己，高高挂起。因为一个被误导的话题，若任其发展，势必会造成“谎言说上千遍也会成为真理”的后果，久而久之大环境被破坏，就会误导更多的人产生错误认识。所以引领舆论导向不仅要靠正确的理论观点，还需要所有新闻宣传参与者的共同努力，对网上错误言论要形成“老鼠过街人人喊打”的态势。

四要勇于听取网络上不同的声音。在纷繁复杂的网络环境下，领导干部要勇做“弄潮儿”，要有维护正义的信念，要有邪不压正的理念，要有稳操胜券的自信。在回应网民的利益诉求时，要真诚相待，说实在话、心里话，提出切实可行的解决措施，切忌官腔官调、废话连篇、推卸责任而引发网民反感。在回应网民的质疑，尤其是过激言论时，要有直面的勇气、包容的胸怀，做到回应既有理有节又充满善意，切忌与网民针锋相对逞口舌之快而成为众矢之的。

五要广泛关注和了解热点话题，做到心中有数。互联网的舆论话题经常是一浪紧跟一浪，前一起网络事件尚未平息，新一起网络事件已经在酝酿。要掌握网络舆情的发展规律，做到知己知彼。一起网络事件从发生、发展到白热化，会有一个萌芽和渐进的过程，宣传人员要具备职业的敏感性，要经常关注热点话题，敏锐发现苗头，做出正确判断，才能在引领舆情的工作中掌握主动，有备而战，将一些“歪理邪说”尽早引入正确轨道。

互联网是党和政府深入了解民情、体察民怨、改善民生的重要渠道，它加深了党和人民的血肉联系，也进一步拉近了政府与人民群众的距离，互联网对党和政府提升执政能力、更好地为人民谋福祉无疑具有积极意义。与此同时，互联网也颠覆了政府官员高高在上的优越感，他们无法依靠权力在网络上颐指气使、发号施令，而是必须以积极、乐观的态度面对网络舆论的各种压力，必须以开放、包容的胸怀面对网络舆论的种种指责，这对领导干部如何保持良好心态，适应网上网下双重压力提出了严峻挑战。

资料链接

2012年新浪微博十佳政务应用（摘选）

省份	昵称	认证说明	应用亮点
部委	@中国青年志愿者	中国青年志愿者官方微博	2012年10月中旬，团中央志工部、中国青年志愿者协会联合策划发起了“#走进七彩小屋、体验七彩课堂#”志愿者体验日活动。全国31个省级及其下属志愿者相关账号参与了本次活动，北京、武汉、广东惠州、辽宁、上海五大城市展开了线下志愿者招募活动，共招募到50名网友走进七彩小屋，利用微博播报志愿体验活动。政府借助媒体平台，联合企业，共同发起爱心活动，拓宽了公益活动的范围，起到了主导和示范作用，得到社会各界的好评。
广东	@广东政法	广东省政法委、省三打办、省综治办、省维稳办、省禁毒办官方微博	作为全国唯一一个省级政法综治部分的官方微博，@广东政法走在前列，其日常微博标签主要为“反腐”、“平安广东”、“司法公开”，能够通过微博平台回应社会大众及媒体对反腐败、司法公开等敏感话题的关切，及时公布相关信息。11月25日，@广东政法发布微博称：“微博案源多，鼓励广东各级检察院及其反贪局、反渎局开办官方微博，循线依法反贪反渎。”对此，@人民日报积极回应：“从网友微博爆料求关注，到政府号召微博找案源，多一些主动作为，少一些被动应对，这就对了！”随后，@广东政法回复：“给人民日报一喊，睡意全无！”
部委	@中国地震台网速报	国家地震台网官方微博	中国地震台网速报将微博深度植入自己的灾情预报系统，作为自己最主要的灾情发送渠道。为ios、android等系统都开发了相应的APP。在政务微博中，这种将微博产品与政府服务结合的应用，可以说是首创。
河北	@善行河北	河北省文明办善行河北官方微博	2012年11月，河北省委宣传部、河北省互联网信息办公室、新浪河北联合举办“经济强省和谐河北我的精彩五年——大型网络征文活动”。活动由活动专题、线上征文、微博有奖互动、微访谈、颁奖座谈会、文化体验之旅几部分组成，活动过程中借助微吧等新媒体产品鼓励用户积极参与，取得了良好的宣传效果，同时也为后续微博内容的沉淀、活动成果的展示打下了良好基础，成为政府部门积极运用新媒体执政为民的优秀典型。

（续表）

省份	昵称	认证说明	应用亮点
部委	@商务微新闻	中华人民共和国商务部新闻办	@商务微新闻2012年6月上线的官方微博，微博发布求真务实。通过清晰的#商务微发布#、#发布会微报#等栏目规划与定位，直接表明自身的微新闻模式定位。在面临如“中欧光伏问题”、“电商大战问题”等焦点事件时，@商务微新闻都会及时微博发声，且内容发布速度与官网基本保持同步。并且在下一步运营策略中，@商务微新闻准备将微新闻模式进一步深化，微博将作为官方第一时间新闻发布的主要渠道。
江苏	@建邺播报 @玄武发布 @栖霞视点 @江宁发布 @浦口发布 @六合发布 @高淳发布 @下关微讯	南京市下属区县宣传部官方微博	2012年9月，新浪微博平台推出了微博办事厅产品，将原有的“单向发布”变为了“单向发布与双向互动”相结合。借助此平台优势，10月至11月期间，南京市玄武区、建邺区等8个区县官方微博设立了8个政务微博民生服务日，就各类民生热点问题与网友互动交流，共收到近400个网民问题，回复约200个。这种区域政务微博集中的民生互动服务，展现了南京市各区县政府善于利用微博平台倾听民意和为民办事的诚意。

（来源：《2012年新浪政务微博报告》，人民网舆情监测室，2012年12月）

新时期新形势下要做好宣传工作，领导干部要推动理念创新，保持思想的敏锐度和开放度，勇于打破陈旧观念束缚和习惯思维定势，自觉把思想观念从不适应时代要求、不利于科学发展的桎梏中解放出来，以新思路推动宣传思想舆论工作实现新发展。要推动手段创新，积极探索有利于破解工作难题的新举措新办法，特别是要适应社会信息化持续推进的新情况，加快传统媒体和新兴媒体融合发展，充分运用新技术新应用创新媒体传播方式，占领信息传播制高点。要推动基层工作创新，扎实做好抓基层、打基础的工作，充实队伍力量，改善工作条件，使基层宣传思想工作有明显改观。领导干部要准确把握改革创新的重点和方向，着力于舆论引导工作的“时、度、效”，以更加有力的措施推动改革创新取得新的突破，形成理念先进、手段科学、基层工作改进的良好局面。

延伸阅读

奥巴马宣传策略全方位“拥抱”网络

美国东部时间2013年7月30日11时50分，一封署名来自“贝拉克·奥巴马”的电子邮件进入笔者邮箱：标题是“我请求你”。

别误会，这绝非美国现任总统亲手所写的私人邮件，预计美国成千上万曾在白宫或奥巴马竞选网页上注册过的普通人也都收到了同一封邮件，内容也就像此前以奥巴马之名所发出的同类邮件一样，为了配合白宫某一阶段的工作部署和宣传需求，请求公众支持某项政策——更准确地说，是面向原本就倾向支持奥巴马的民众。

重视新媒体

于8月4日迎来自己52岁生日的奥巴马不仅是美国首位非洲裔总统，也算严格意义上第一位全方位拥抱网络、尤其是社交媒体的美国总统。他的“触网”，也是从竞选需求开始。

自备战2008年总统大选开始，正值壮年的奥巴马就在团队打造下逐步成为网络世界、尤其是社交媒体的宠儿，并将这份虚拟世界的影响力渗透到现实的政治丛林中，为自己的竞选和执政所用。时至2012年竞选连任，奥巴马团队在网络战场上更是驾轻就熟，优势明显超越其一众对手，特别为竞选的基层工作和募款工作发挥了重要作用。

随着部分竞选团队核心人物进入白宫工作，奥巴马政府宣传工作的一个突出特点就是高度重视新媒体。以美国微博——“推特”为例，“贝拉克·奥巴马”之名的账户自2007年3月5日16时8分设立。截至2013年7月30日中午，这个账户已发布9611条推文，拥有3462万粉丝；而到2012年6月12日，该账户发布4239条推文，拥有1651万粉丝——不难看出，2012年总统选战最后5个月以及2013年1月奥巴马第二任期的前半年，这个账户有了积极拓展。

当然，奥巴马账户的幕后操刀人是其宣传团队。但自2011年6月起，或是大势所趋，或是尝到“触网”甜头，奥巴马本人也在“推特”上活跃起来，从有关父亲节感言的第一条推文开始，常常发布标注自己名字缩写的“亲笔微博”，与由团队捉刀的推文区别开来。同年9月，这个账户已成为“推特”网站上第三位拥有粉丝突破一千万的账户，也是所关注账户和粉丝数量同时名列前十的仅有的两个账户之一。

尝试新形式

近年来，社交媒体突飞猛进。纵观华盛顿，拥有“推特”和“脸谱”等账户的政府官员、国会议员不胜枚举，有的是团队操刀，有的是亲自上阵。因此，除了数量上的积累，奥巴马团队自然也少不了在形式上开始更多尝试，尤其在增加奥巴马的参与度上。

2011年7月6日，“推特”网站首次为奥巴马举办了“推特”市民大会，地点在白宫东厅，由“推特”创始人之一的杰克·多尔西担任主持。白宫无疑为此筹谋已久，提前多日展开宣传攻势，更通过电视台直播这场奥巴马与网友的“隔空对话”。

不过，这次对话，奥巴马团队似乎有所保留。奥巴马从“推特”网站上选取问题，由主持人念出来，他本人则面对现场观众大声给出答案。据“推特”事后统计，共接到了11万条挂着“我问奥巴马”活动主题标签的推文。其中，也包括奥巴马的“死对头”、众议院议长博纳等共和党阵营政客。

2012年5月24日，奥巴马与网友有了一次严格意义上的“‘推特’问答”。

当天一早，官方账户就神神秘秘地宣布会有嘉宾来回答网友提问，问答活动开始前40分钟，白宫账户点出这位神秘嘉宾就是正奔波在竞选途中的奥巴马本人。和一年前不同的是，奥巴马此次须在“推特”网站上作答，严格遵照“推特”字数要求。这场对话延续了约20分钟，他挑了7个问题，为自己的能源、税收等政策做宣传。

除了“推特”，白官在“脸谱”、Google+、Youtube、Flickr等美国最知名、规模最大的新媒体网站上设立了以白宫或奥巴马名义的官方账户，访客通过白宫官网也可便捷地点击进入。这些账户一般会依据不同新媒体平台的特点，及时发布白宫动向或同步更新白宫官网所发布的部分内容。比如，白宫在Youtube视频网站上主要以发布视频内容为主，而在Flickr网站上则以发布白宫摄影师的图片为主。

主动出击

白宫宣传团队会针对不同新媒体平台的特点主动出击，策划一些主题活动。比如，2012年11月总统大选落下帷幕后，早在白宫新闻发布会之前，喜获连任的奥巴马本人就立即在社交网站与网民“对话”，并通过电子邮件、社交媒体账户向支持者表达谢意。

面对连任成功后的“财政悬崖”谈判，白宫也通过电子邮件、社交网站展开宣传战。白宫呼吁公众在“推特”上统一使用“My2K"标签（即“我的两千美元”），讲述一旦谈判破裂导致每人增税两千美元会给自己的生活带来哪些冲击。

整体而言，奥巴马在社交媒体上的官方账户主要为其竞选和施政服务。这些账户的积极运作乃至奥巴马本人与网友的互动，均属于奥巴马团队整体宣传策略内容，着重突出“亲民”特点。

（来源：新华网 记者/孙浩）

第七章

做成功的政府新闻发言人

政府新闻发布作为一项制度建设，在中国的语境下承载了信息公开、执政能力等宏大话语，从某种意义上讲，新闻发布制度已经成为政府“立党为公，执政为民”的新平台。领导干部要掌握新闻发布的方式，遵循原则做好新闻发布会的策划，加强多方面的修炼，提升自身素质，避免新闻发布时步入“雷区”，唱好新闻发言人这个新闻发布的“主角”。

一、揭开新闻发布的面纱

从全球范围看，新闻发言人制度可追溯到一个多世纪之前。1904 年 2 月，日俄战争在中国境内点燃。当年 8 月，日方为阻止记者赴前线采访，将许多记者召集到中国长春，介绍战况，这被认为是世界上最早的有文字记载的政府新闻发布活动。在美国，新闻发言人制度最早可以追溯到总统新闻发言人。一般认为，19 世纪 30 年代担任美国总统的安德鲁·杰克逊最早聘用新闻发言人。从 1950 年开始，白宫历届新闻发言人当中有 85% 是新闻记者出身或在媒体工作过；而在近 30 年来，这个比例几乎是 100%。如今的美国，各级政府大约有几万名新闻发言人。稍有规模的企业都会设立专职的新闻发言人。

从中国的情况看，20 世纪 60 年代，时任国家副总理陈毅曾举行过精彩的新闻发布会。1978 年 12 月党的十一届三中全会的胜利召开，开启了我国改革开放历史新时期。我国改革开放之后的政府新闻发布工作有了明显的进步，政府新闻发布工作的重要途径之一是利用政府控制的媒体进行常规的政府新闻发布。中国政府是党的路线、方针和政策的执行机构，中国各媒体是政府管控下的事业单位，是政府的耳目喉舌，必须宣传党的路线、方针和政策。1982 年 3 月 26 日外交部召开了第一次新闻发布会，此后逐渐确立起定期的新闻发布制度。

资料链接

解放前中国的“新闻发布”

1912 年，民国临时政府国务院于前陆军贵胄学堂内特设“新闻记者招待所”，5 月 18 日，总理唐绍仪与应邀到会的 20多位记者进行了2小时的会谈，这被认为是“中国记者招待会的滥觞”。抗日胜利前，南京国民党政府举办过不定期的新闻发布，但以中共方面的周恩来在国统区举行的记者招待会影响最大，吸引了众多的中外记者。抗日胜利后，参加国共和谈的中共代表团在南京梅园新村建立了新闻发言人制度，廖承志、王炳南、范长江和梅益等成为中国共产党最早的一批新闻发言人。

2003年以来，以“非典危机”为代表的突发事件，使我国政府机构充分认识到及时发布权威信息对维护社会正常秩序的意义。2003年12月16日，国务院新闻办公室一年一度的新年招待会上，政府首次将各部委各自的新闻发言人介绍给新闻媒体，并公布他们的联系方式，激起了一阵学界关于突发事件中公众知情权与政府政务公开、应对突发事件能力的大讨论。似乎，新闻发布会是“非典”爆发后公众和媒体对于政府信息封锁斗争的产物。

到了2008年，我国举办新闻发布会数量创历史之最。2008年12月30日，原国务院新闻办公室主任王晨在北京举行的新闻发布会上表示，不包括奥运会期间举办的300多场新闻发布活动，2008年国新办、中央各部门和各省区市人民政府三个层次举办的新闻发布会的总数已达1587场，大大超过了往年。

2010年6月30日，国务院11个部委的新闻发言人首次集体接受中外媒体采访，标志着我国政府新闻发言人制度进入了新时代。

应该说，政府新闻发布作为一项制度建设，在中国的语境下承载了信息公开、执政能力等宏大话语，从新闻发布缘起、制度建设的推进以及近些年来取得的重大进展中，可以看出中国新闻发布理念的变迁与政治文明的渗透、共进。

建构责任政府的一个重要条件是政府一切行为都必须以公民为导向，

通过行政公开与透明以及政府与公民之间的良性互动来提升政府责任能力。只有公民对政务充分知情，才能对政府行为进行监督、判断和评价，从而为政府责任行政施加一种外部压力。政府与公民的良性互动要求双方将平等对话作为一种责任制度。通过新闻发布，使政府把行政管理过程及效果等各方面都公之于众，使公众有更深刻的理解和更深入的监督，这种透明度的压力能使政府更加对公众负责，从而建立起贴近群众的有效沟通渠道，对维护社会稳定、促进经济发展有着重要的作用。

资料链接

保障新闻发布质量的制度推手

2007 年 11 月 1 日开始实施的《突发事件应对法》和 2008 年 5 月 1 日生效的《政府信息公开条例》无疑是规范和保障新闻发布质量的制度推手。在这两个制度范本中，《突发事件应对法》把我国近年来突发公共事件新闻发布的重大进步上升为法律，明确指出政府在应急管理中的责任包括“公开应急管理信息，保证公众知情权”，当国家发布三级、四级警报，宣布进入预警期后，县级以上地方各级人民政府应定时向社会发布与公众有关的突发事件预测信息和分析评估结果；及时按照有关规定向社会发布可能受到突发事件危害的警告……《政府信息公开条例》将政府新闻发布的范围和新闻媒体公开报道的界限作了明确的界定，为提高新闻发布的透明度提供了可操作的框架。为进一步保证信息公开，国务院办公厅于 2012 年 4 月 28 日印发了《2012 年政府信息公开重点工作安排》，并于 2013 年 7 月 1 日印发了《当前政府信息公开重点工作安排》。

从某种意义上讲，新闻发布制度已经成为政府“立党为公，执政为民”的新平台。新闻发布制度主动提供“政府想说的、媒体关注的、群众关心的”信息选题，允许记者提及与发布主题无关但涉及本地、政府不想说而百姓想知情的信息，包括公开质询政府公共政策的缺失、公共安全事件处置举措的失当、政府工作的失误，甚至是揭政府“伤疤”等。这就通过政府与媒体的互动，弥补了政府一方的“千虑一失”，也让其在尴尬之余开始良性的反省和觉悟。

目前，我国的新闻发布制度及其运行，至少出现了三大亮点：一是我国基本建立了各部委、各省市的立体新闻发布机制，有新闻发布场所，出现了一些较有水平的新闻发言人，有关方面备有具体应对举措；二是培训工作卓有成效，各地各部门设立了上千名新闻发言人，这为政府公开透明增色不少；三是新闻发言人的工作有效引导了舆论，各地各部门开始尝到信息公开的甜头。但是，我国新闻发布制度在不断进步中也暴露出一些问题，这主要体现在三个方面：一是有些人还把新闻发布制度当成一项门面工程。二是新闻发言人的语境处理还普遍有待提高，大话、套话、空话太多。三是很多时候，新闻发言人充当了“炮灰”的角色，成为政府部门的挡箭牌。

从中外的历史实践中我们看到，新闻发布制度的设立，不仅可以更有效地协调政府与媒体的关系，利用媒体的各种功能来推动政府工作，有利于政府职能的转化，而且可以促进政府和国家形象的提升，在更大程度上发挥政府的政治影响力、促进国家形象的改善。但是，同西方国家相比，我国的新闻发布工作还处于学习和探索阶段，还很不成熟。新世纪、新阶段、新目标、新任务对我国各级政府提出了新的要求，必将推动我国政府新闻发布工作不断跃上新的台阶。

从形式上讲，新闻发布可以分为两种，即正式与非正式发布。

正式发布新闻的方式主要有：

第一，新闻发布会。这是使用最多的一种新闻发布形式。一般的做法是在一个大厅或专门的新闻发布厅内，主持人和发言人都在主席台上就座，先由主持人作开场白，然后发言人先发布新闻，再回答记者提问。被主持人允许提问的记者，一般要求通报记者代表的新闻机构。外交部新闻发布会过去采用这一形式。但现在流行一种新的做法，即不设主持人，发言人自己上台发布新闻，自己点记者，不设座席而改为立式发布台。现在外交部新闻发布会和国台办新闻发布会都采用这一形式。

第二，记者招待会。记者招待会是一种更正式的、更大范围的发布新闻方式。在新闻发布厅内或更大的大厅举行，一般有主持人，并设主席台。先由主持人作开场白，简单介绍被邀请的来回答记者问题的嘉宾的身份和背景，然后由嘉宾回答记者的提问。记者招待会上一般不先发布新闻。记者招待会的优点是，可以更正式、更权威、更有影响地对外传播信息。

资料链接

新闻发布会与记者招待会的区别

新闻发布会与记者招待会是有区别的，但现在国内对两者的称呼上有些混用。比如，外交部每周举行两次新闻发布会，虽然频繁，但对此基本也没作区别。外交部新闻发布会也常被其称之为外交部记者招待会。

实际上，新闻发布会，顾名思义，是发布新闻的活动。一般由发言人先发布新闻，再回答记者提问。而记者招待会往往不先发布新闻，而立足于回答记者提问。

新闻发布会一般指政府或部门发言人举行的定期、不定期或临时的新闻发布活动。规格较低，活动时间较短，一般半小时至一小时左右，如外交部新闻发布会、国台办新闻发布会等。记者招待会更适用中央领导、部长或部门领导人。如总统记者招待会、总理记者招待会、部长记者招待会或大使记者招待会等。

新闻发布会现在的趋势是由发言人自己主持，自己发布新闻，自己点记者提问、自己回答提问。但记者招待会一般设一个主持人，主持人不回答问题，回答记者提问的是由其请来的总理、部长或其他领导。也有例外，如美国总统的记者招待会，不设主持人，也不设座位，而是由总统本人站着回答问题，并亲自点记者提问。

记者招待会时间一般较长，一个多小时或更长。回答问题的范围更广泛。因记者招待会权威性更高，所以更受媒体和公众重视，出席的记者人数更多，影响也更大。在领导人的记者招待会上，出于礼貌，记者一般很收敛，不会发生在新闻发布会上常见的唇枪舌战。

第三，网上发布新闻和网上在线交流。这是一种全新的新闻发布形式。随着网络的影响越来越大，通过网上发布新闻、网上论坛和网上在线交流等形式，阐述政府政策和立场的做法越来越常见。比如，外交部新闻司经常请部领导和各司局负责人与网友就热点问题和群众关心的问题交谈，回答提问。

第四，冷餐会或酒会。这一形式可以单独使用，也可与新闻发布会或记者招待会合并使用。通过这一形式，可以轻松地将想发布的信息传达出去。

第五，接受记者单独专访或多家联合采访。采用这种形式是为了透露重要信息，扩大影响。一般挑选影响比较大的媒体。另外，领导人出访前，为了营造声势，也采用这一方式，接受往访国家重要媒体的采访。

第六，发送新闻稿。在国外，向新闻机构发送新闻稿是政府部门和大公司为争得新闻界的支持、利用新闻界宣传自己的常见形式。一般做法是，把具有新闻性的信息，由专门人员写成新闻稿，以传真、电子邮件等方式，传送给新闻界，请新闻界发表或在撰写新闻时参考。新闻稿的发送，可以给每一家新闻机构，争取广种薄收；也可选择信息要传达到的特定国家和地区的新闻机构；有时只送给精心挑选的个别新闻机构。因为是新闻稿，比较简明扼要，因此记者可能回过头来咨询更详细的情况，作深入报道，这样就可以进一步向记者提供有关的背景资料和观点，甚至可以接受记者的单独采访。

非正式发布新闻的方式主要有：

第一，公开场合交谈。作为新闻发言人，从宣传本部门工作，或从与记者建立良好关系的角度考虑，有必要经常会应邀作客许多场合，如开幕仪式或酒会等，而这些场合也常会邀请记者出席。这样，新闻发言人有机会在记者面前树立一个比较好的形象，而且能与记者建立良好的沟通关系，使他们在报道新闻时，掌握更多的知识和背景，在作新闻报道时能够更多地注意和体现新闻发言人的看法。在这些场合与记者交谈，需尽量使话题轻松一些，不对严肃的问题轻易表态，因为新闻发言人手头可能没有详尽的资料，或对有关的政策把握不准。所以，当记者问到严肃问题的时候，如果没把握，可以坦诚相告，或者约记者下次谈。

第二，背景吹风会。这种形式气氛比较轻松，可邀请为数不多的记者，在一个小会议室或发言人办公室里，甚至在咖啡厅或者饭桌上举行。吹风会内容的报道，可以有几种情况：一是不可以报道，有的内容由于时机不成熟等原因，不供即时报道，只供报道时作背景参考；二是可以报道，但不能讲出消息来源，我们常见美国媒体报道称“国务院某高级官员、白宫某官员说”，即是这一种。背景吹风会邀请的记者一般是小范围的，应邀者大多是一些具有代表性的媒体或关系融洽的记者。有时发言人只看中电子媒体，那也可只邀请电子媒体的记者参加。

第三，向个别记者提供重要信息。为了把一些想发布的内容和观点讲出去，新闻发言人也可主动向个别记者透露消息或发表看法。

资料链接

中国原子弹照片在瑞士发表

1964年，斯诺到中国的前几天，苏联的赫鲁晓夫下台，第二天，中国爆炸了第一颗原子弹。周总理在斯诺抵达北京后很快见了他，给他看中国原子弹爆炸的十二幅照片。斯诺说他可以立即回日内瓦，在瑞士报纸上发表这些照片。斯诺高兴地开玩笑说，你们打出了一张A（原子弹）。之后，他把这些照片在瑞士报纸上发表了，立即轰动了全世界。

第四，请记者吃饭。新闻发言人也可以通过请记者或有关人员吃饭的形式，传递或透露某些信息。

从内容量上讲，新闻发布可以划分为四种类型，即以“全告知性”、“半告知性”、“略告知性”和“隐匿性”发布策略。

第一，“全告知性新闻事件”的发布。对体现国家精神、现行政策和有利于稳定的社会的事实，其发布内容应毫无保留。把主要情况告诉记者，通过媒体让民众尽可能知道得更全面、更深入，属于“全告知性新闻事件”的发布。对改革开放、经济建设、精神文明建设、党风廉政建设、民主法制建设和人民群众关注的重大问题，新闻发言人不应回避什么，也无须回避，应把情况全部告诉记者并尽可能回答记者提出的问题。这类事件的全告知性，使新闻发布量最大，可以最大限度地提高政府的透明度。

第二，“半告知性新闻事件”的发布。“半告知性新闻事件”是指这样一些事件，即发布的内容有一半左右的信息被隐匿下来，只向社会发布另一半或更多一些信息，以免引起泄密或社会动荡。这类事件要发布的往往是动态信息，以便引导民众正确理解事件，产生积极、正面的效果。但由于传播环境存在着与传播信息相冲突的社会缺陷，报道全部事件可能产生负面效应，需要回避一些细节和内幕。这一方面是因为民众和记者对事件一时可能有不同的认识，甚至难以很快把握复杂的情况而产生错误的认识，另一方面是由于法律或政治规范限制信息有更大的透明，从而导致新闻发言人对此类事件只作部分告知。随着时间的发展，告知量会越来越大，在一定时机可能变成全告知性事件，新闻发言人不再回避什么。

第三，“略告知性新闻事件”的发布。国内或国际与国家有关的、已发生或正在发生的重大突发事件，其内容可能与宪法、法律、法规以及社会道德相悖，也可能与公共利益和现行方针政策相矛盾，发布全部或大部分内容可能产生错觉和有害的后果，新闻发言人对事件只好略作介绍。这叫做“略告知性新闻事件”的发布。对这类事件发布简要的内容，还可能由于尚未掌握确凿的材料和证据，而民众又迫切想要了解该事件的真相，新闻发言人只能告知突发事件的概况。

第四，“隐匿性新闻事件”的发布。发布的内容因违背宪法、法律、法规以及社会道德，与国家的方针政策相抵触，或涉及党、国家和军队的机密以及有碍社会稳定等原因，不宜公开报道。新闻发言人对这类事件只能回避，采取一定策略和技巧加以隐匿。灵活运用新闻发言人和媒体的新闻封锁策略，是许多国家新闻发言人对不利于自身利益的事件所采取的普遍方式，其告知量几乎等于零。这种不告知，不是用“无可奉告”去回绝，而是以某种理由恰当回避，听起来要让记者信服。比如，发言人可以说：“我们还没有听说过这件事”、“这类情况各国都有，我们这里也可能存在，但我还没得到证实”，如此等等。最好以机智的方式回绝提问的记者，让他“哑口无言”。

资料链接

竹竿捅下 U-2 飞机

二十世纪五十年代初，美国开始研制一种专用的远程侦察机，也就是大名鼎鼎的 U-2 高空侦察机。这种飞机全身漆成黑色，人称“间谍幽灵”。U-2 是当时世界上最先进的侦察机，长 15 米，高 4 米，重 7 吨，时速 800 公里，配备 8 台自动高倍相机和电子侦察系统，所用的胶卷 3.5 公里长，能把宽 200 公里、长 5000 公里范围内的景物拍下并冲印成 4000 张照片。

1965 年一次记者招待会上，外国记者问陈毅外长：“中国用什么先进武器把美国 U-2 飞机打下来的？”陈外长毫不迟疑地说：“我们是用竹竿捅下来的！”当场哄堂大笑，诙谐地应对了记者的刺探。

二、做好新闻发布会策划

新闻发布关系重大，是一项“技术性”很强的活动，应该注重新闻发布会的策划。新闻发布会策划的内容应具有新闻性、时效性、真实性特点，同时还应该在方式上保持灵活性、策略性。也就是说，新闻发言人在发布新闻时，不仅要考虑说什么，而且还要决定隐瞒什么，向记者陈述多少内容。换言之，新闻发言人总是既要满足记者，又要按照既定的意识形态发布新闻，介绍信息、阐述立场。

一般而言，策划新闻发布会要遵循以下两大原则：

其一，坚持立场，保守国家机密。新闻发言人是其所在机构的代言人，阐述的立场是其机构的立场，叙述的内容代表机构的正式观点。无论从何种角度说，新闻发言人都是新闻发布机构的“喉舌”，发出的是一种制度的声音，当然不应以完全满足记者的需要为目的。在许多重大是非问题、政治利害问题转圈子、设迷阵，是新闻发布实施软实力的重要战略。

资料链接

心里“清楚”的布鲁克斯

伊拉克战争期间，美国《华盛顿邮报》曾批评美军新闻发言人布鲁克斯对战争之初美军遇到的失利、损失以及对伊拉克平民的伤亡人数绝口不提。还有记者抱怨说，每天在这个价值数百万美元的新闻中心里等待的是一般消息，毫无价值。其实，布鲁克斯心里很清楚，如果替伊拉克人说话，那他岂不成了萨达姆的新闻发言人？在政治立场上，他是美军的代言人，作为军人的言辞他绝不会偏离美军立场，也没有什么口径松动满足记者的期待。

新闻发言人说真话，是要看发布什么问题、对谁发布。说真话和坚持立场都不可缺少，二者在是否对国家和人民有利的条件下统一起来。保守机密也是新闻发言人从其机构利益出发，作出的隐匿性发布策略。但是，坚持保守机密的原则要有法律界限，就尽量把机密事务的发布减少到最低限度。如果发言人随意确定什么是机密就守口如瓶，必然侵害公众的知情权。

其二，新闻发布的内容要真实，方式要灵活。现代政府在掌握公共信息方面具有得天独厚的条件，公众总是希望从它那里得到真实的消息和正确的见解，新闻发布成为国内外公众全面了解社会情况和政府立场的最权威的渠道。在多数情况下，新闻发布会有效地影响公众的意见，引导舆论按照政府的正确主张发生变化，使政府的管理顺利而有成效。政府新闻发言人讲真话，不虚美、不隐恶，实事求是，是对社会负有高度责任感的表现。

政府只有对人民履行信息真实、公开的责任，才能建立高度负责的公共政府，这是新闻发布极为重要的原则。

策划新闻发布会，应该着眼于以下几个方面：

第一，召开新闻发布会的时间。一般情况下，新闻发布会的召开，都在重要会议结束前后、重要政策出台时、流言谣言横行时、出现突发事件时。

第二，确立选题，需要整合调研相关资料与信息，抓住重点、热点问题。例如，跟踪和研究国内国外有关舆情，做好日常调研工作。否则，在新闻发布会上既不知道记者会问什么，也不知道该怎么回答效果更好。跟踪国际舆情，阅读外刊外报、收听外台、上网阅览等，都是重要的渠道。充分调研国内外舆情后，就可有针对性地做准备工作。通常情况下，新闻发布会的目标单一、主题明确，传播效果就会好。

第三，了解出席新闻发布会记者的构成和特点。发言人对于哪些记者出席新闻发布会应事先做到心中有数。了解哪些记者参加新闻发布会，预测记者可能提出哪些方面的问题以及从什么角度提，这对发言人临场应对至关重要。

第四，确定发布重点，准备答问口径。无论发言人对发布的新闻内容多么熟悉，都要准备答问口径。敏感问题的答问口径，常需要请示上级同意或与其他部门会签；跨部门问题的答问口径，一般需要与有关部门协调确定或向上级请示。

第五，准备新闻背景材料。例如，有时由于时间的限制，发言人在发布会上不可能把所有想讲的话都讲完，尤其是一些解释性的背景材料，并不是记者最感兴趣的，却是记者需要的。因此，如有可能，最好准备一份与发布内容密切相关的书面背景材料，使记者便于准确报道有关内容。背景材料的内容，可以是发布会上发言人将要发布的详细内容加上政策阐述，也可以不是发言人直接讲述的内容。但无论如何，一定要与发布的内容有直接关系。背景材料的撰写，同样需要注意新闻性，简明扼要，避免空话。另外，多媒体资料可以通过直观的形式帮助发言人说明问题。

第六，准备好新闻预案。公共政策涉及老百姓的切身利益，因此政策出台是最敏感的，也是媒体最热衷寻找的新闻来源。但是，同样一个政策，放在不同的环境、不同的条件、不同的话语、不同的地方之下，往往会有大相径庭的反应。如果不作出周密的具有针对性的解释、补充，好的公共政策甚至会被误解、歪曲。而当这种误解的情绪一旦与媒体的某一敏感神经相触碰而在社会上蔓延开来，媒体自己也可能会失去加以控制的力量。事后的解释、澄清、更正，不管是媒体自己，还是政府部门，都是苍白无力的。事前的预备、功课、方案，才是最主动的、最有力度的。因此，地方、部门在出台任何新政策、新措施的时候，都要建立一种新闻预案制度，做好新闻发布的方案，事先对可能引起的误解做好解释准备和应对准备工作。要把详尽的解释给记者预备好，不要让记者来推测、附会政策的含义和效果。

第七，发言人在出席新闻发布会前，还应考虑与助手一起做一些彩排。一些与媒体打交道很有经验的老手，在接受采访前都要多次彩排，而且每一次都这样做。新闻发布会的时间、程序、节奏等一定要掌握好。

三、唱好“主角”的五项修炼

新闻发言人是国家、政党、社会团体任命或指定的专职（比较小的部门为兼职）新闻发布人员，一般是该部门中层以上的负责人。新闻发布的职责是在一定时间内就某一重大事件或时局的问题，举行新闻发布会，或约见个别记者，发布有关新闻或阐述本部门的观点、立场，并代表有关部门回答记者的提问。新闻发布是一项专业性很强的工作。从国外的经验来看，合格的新闻发言人都有在政府和媒体长期工作的经验，需要接受新闻学、传播学、社会心理学、语言学、修辞学和管理学等方面的专业培训。

资料链接

新闻发言人应对媒体的成功秘诀

（1）立场坚定；

（2）准备充分；

（3）反应迅速；

（4）形象端庄；

（5）表述清晰；

（6）掌握分寸；

（7）采取开放的态度；

（8）知错认错；

（9）加强内部沟通；

（10）对负面消息开诚布公。

当前我国政府部门的新闻发言人大体上有三种来源：一是主管领导，如有的地方要求出任新闻发言人的必须是该部门的“二把手”；二是秘书长、办公厅主任等“总管式”人物；三是宣传部门的负责人。其中第二类人选是目前各级政府部门新闻发言人最主要的来源。选择以上三类人员从总体上说是符合中国国情的，也基本能够满足现阶段对新闻发言人的要求。但从长远看，其缺陷也是显而易见的。这三类人员大都是官员出身，少有媒体的实际工作经验，这与新闻发言人专业化和规范化的要求尚有一定距离。毫无疑问，新闻发言人是新闻发布的“主角”，然而，唱好这个“主角”，也不是那么容易的，需要在多个方面加强“修炼”。

第一，提升大局意识和政策水平。原国务院新闻办公室主任赵启正同志认为，对于新闻发言人来说，内知国情，外知世情，这是最重要的，口才和技巧还在其次。很多人把发布的准备功夫大量放在了发布时的表情、答问的技巧等方面，有些本末倒置。发言人第一位的要求，就是准确，此谓根本；在此基础上，表达和技巧越娴熟越好，是谓“根深叶茂”。准确，就要知大局，懂大局，胸有全局。这不是靠“抱佛脚”可以拼出来的，要靠平时大量的学习和积累。要深入学习研究党和国家的方针政策，本地区党委、政府的中心工作和重要决策，以及发言人被授权发布的领域内的专业政策，不仅要知其然，还要知其所以然，不仅知现状，也要知历史、知发展，真正融会贯通。只有这样，才能面对各种问题，做到胸有成竹。

第二，提升角色意识和语言水平。准确把握定位十分关键。定位不准，会导致发言人角色偏差，出现越位或者不到位。政府建立新闻发言人制度，是通过这一机制发布消息、宣传政策、解疑释惑、澄清事实，切实保障公民知情权，起到服务大局、引导舆论、塑造形象、沟通大众的作用。由于这一定位，发言人就要发布政策、解释政策、引导舆论、澄清事实，维护政府形象和声誉，不失原则和立场。定位准确了，发言人个人准备的重点也就清楚了：哪些是必须了解的，不了解就影响发布质量和政府形象。当然，语言水平的提升对于新闻发言人的重要性不言自明。

资料链接

杨大使的绝妙比喻

2001年，中美发生撞机事件后。中国驻美大使杨洁篪接受CNN记者采访回答问题时，记者问，美方只是要求中方返还24名机组人员，但中方在道歉问题上纠缠到底意味着什么？

杨大使答：这一事件完全是美方造成的，美方应负完全责任，应向中国人民解释并道歉。就拿美国举例来说，有一个家庭，他的房子的前院有一伙人总是在他家门口的街上开着车徘徊，他们不进他家的院子，但就是日日夜夜、月月年年地在靠近前院的地方开来开去，这个家的人出来查看是怎么回事，结果家人的车子被毁，人也失踪了。我认为，这家人有权问到底发生了什么事，有权做一些检查和调查。你是否认为这一道理成立？如果你认为这一道理成立，我想你能作出非常公正的判断，到底该怪罪谁。至少你应该说声“对不起”吧。车也毁了，人也失踪了，可你只说一句事件就是这么发生的，够吗？

第三，提升诚信意识和“控场”水平。新闻发言人应该诚实。作为一级政府或政府部门的代言人，新闻发言人要通过自己的言行树立“责任政府、服务政府、法治政府”的形象，因此在公众面前的诚实表现是一个基本分。发言人要让媒体和公众了解、理解并认同，需要一个过程。在这个过程中，诚实就是催化剂。有些问题可以不说，但新闻发言人所说的，必须是真实的，否则会失去诚信，意味着政府可能因此失去公众的信任，从而使政府形象受到损害。

发言人要学会控制场面。在发布会前，对发布和答问将要涉及的内容要认真、扎实、细致、深入地准备，尽可能做到烂熟于胸，这样在发布和答问时才能游刃有余，切不可以为掌握了一些小技巧或准备了一些口径就可以应付过去了。发布会开始后，不能目中无人，自说自话。会场动态是一定要时刻关注的。要尊重记者，以平等的态度对待每一位记者。要很好地掌握发布会的局面，除了会前注意与记者的沟通外，还要把握好平衡度、收放度。在发布时，要善于找到平衡点，考虑到各方需求；在回答问题时，也要掌握平衡和全面，还要善于把握会场动态，善于呼应发布的主题。点请记者提问也要注意平衡，国内记者和国外记者、本地媒体记者和中央及兄弟省市媒体记者、会场前排和后排的记者、左面和右面的记者都要照顾到。还要把握好回答问题的宽泛度和深度的关系。既不能为怕出错而守口如瓶，也不能样样和盘托出。

第四，提高形象意识和“临战”水平。当新闻发言人就要“由人评说”，因而不仅要注意语言，“更要注意非语言符号的把握”。从着装上的一些细节上更能准确地判断一个人。新闻发言人形象总体要求是国际化、民族化、个性化。但是，一个良好的新闻发言人的形象，是需要设计和演练的。着装除了要找到适合自己的那一款，还要知道服装细节代表的含义。

在发言人制度建立起来后，一个普遍存在的情况是，各级政府发言人缺少实践的机会。所以，当他们面对镜头和众多记者的提问时，显得比较拘谨和不自信。不断寻找各种合适的机会，提高“临战”水平，面对媒体时就会更为自信、更有把握。

第五，提高团队意识和合作水平。新闻发言人的个人准备要和发言人工作班子的集体准备有机结合起来。发言人作为工作班子的领头人，要组织工作班子的全体同志提高团队意识，加强政策理论学习，引导大家重视研究现实问题，强化与政府部门和媒体的联系，整合多方信源，提高舆情研判能力，建设学习型的工作团队。只有这样，才能更好地做好新闻发布的准备。

应该在建立和完善新闻发言人工作小组工作机制的基础上，提高发言人与人合作的水平。一要建立和完善舆情跟踪分析机制。主要工作是即时收集网络、媒体和记者关注的热点信息，加以研判分析，为新闻发布和回答记者提问提供参考。二要建立和完善发言人工作小组日常工作机制。工作内容包括记者来电接听、发布会策划组织、发布稿起草和应答口径准备等。三要建立和完善信源整合机制。主要是收集政府各部门可供发布的信息、与有关委办局拟订发布口径等。四要建立和完善发布后评估机制。在新闻发布会后，收集国内外网络、媒体登载刊用情况，分析发布效果，为进一步改进提高提供科学依据。

四、新闻发言人要远离“雷区”

近几年来，一些网络“流行语”出自某些政府部门新闻发言人之口，比如“俯卧撑”、“躲猫猫”、“不管你信不信，反正我信了”……建立新闻发言人制度的意义在于发布权威消息，释疑解惑，消除和校正官方与民众之间的信息不对称和误差。然而大量的事实证明，我们的新闻发言人的种种“雷语”有时候反而成了激化官民之间矛盾的因素，究其原因不外乎以下几点。

一是媒体大众对知情权的诉求日益提高，监督意识日益觉醒。随着民主化进程的深入，民众当家作主的自觉性日益强烈，对于很多信息，他们需要权威，渴望权威，又质疑权威，随便“糊弄”是行不通的。

二是以微博为代表的新媒体时代的到来，让“权威信息”发布变得越来越困难。网络时代的一个显著特征就是大众的即时参与，人人都可以成为新闻发言人。新闻发言人要想使自己的“发言”精确、及时、权威，必须经得起媒体大众的严苛拷问。况且新闻发言人的信息来源渠道和获取的信息量不见得就必然比媒体和公众更多。现实中，新闻发言人因“被逼到墙角”而冒出“雷语”的情形时常可见。

三是新闻发言人的“内功”修炼尚欠“火候”。新闻发言人，顾名思义，首要标准是会说话。按照原教育部新闻发言人王旭明的说法，就是“把好事说好，把不好的事好好说”。但在“人人都有麦克风”的今天，面对公共意识空前提高的媒体大众，新闻发言人往往会出现应对失当。主要表现在：找不准自己的定位，把握不好说话的分寸，控制不好自己的情绪。某些新闻发言人或擅自给自己发布的内容“穿靴戴帽”，或在众人的追问逼问下愤而宣泄，或为了语出惊人而词不达意。更有甚者，把自己视为“真理的化身”，摆出一副盛气凌人的姿态“俯视”媒体公众，强迫媒体发表

“政府的正确意见”。其结果，不仅不能准确传达部门的声音，反而引发公众更多的质疑和不满。况且，在网络时代，新媒体的一个根本特征就是炒作。一句“雷语”，经过网络的无限放大和演绎，最终会更加“雷人”，难以收拾。

说出去的话是收不回来的，与其事后为自己百般辩解，毋宁事先多下功夫，做足功课。要知道，新闻发言的水平首先体现的是发言者自身的素质水平和履职能力。做到“把好事说好，把不好的事好好说”，做一名合格称职的新闻发言人需要注意以下几点：

一是要个性化但不个人化。好的新闻发言人应该有自己的个性魅力，一个说话简洁、有幽默感、分寸拿捏适度的新闻发言人是媒体大众所欢迎的。但有个性不等于可以随心所欲，毕竟新闻发言人代表的是一个部门而不是自己，所以不能把新闻发布当作自己的“专场秀”。

二是要感性化但不情绪化。新闻发言人不应该是冷冰冰的发言机器，必须对所发布的信息有切实的理解和感悟。同时，新闻发言人必须尊重其他人对同一问题的理解偏差，即使遭遇媒体刁钻逼问，也不能情绪失控，而应该从容淡定，有理有据，应对有度。

三是要准确化但不格式化。新闻发言人发布的内容必须是经得起推敲的、有可靠依据的准确信息，但不能因此而把所发布的信息当作“绝对真理”强迫媒体照单全收，应尊重媒体的自主选择权。

四是要精英化但不高调化。绝大多数新闻发言人是高素质的政治精英，他们珍惜自己的身份，明确自己的定位。但这不等于他们就高人一等，可以俯视媒体大众。必须以平等的视角与媒体对话，摒弃高谈阔论，杜绝空话胡话。

总之，在干部知识化、专业化背景下的今天，新闻发言人大多具备高超的素质，只要正确理解、充分尊重媒体和公众的知情权和监督权，在有限的时间内多讲有用的、实际的、对方听得懂的东西，对一时不能回答的问题坦诚相告，慎重答复，就可称得上是一名合格的新闻发言人。

延伸阅读

“诗人外长”向发言人的华丽转身

“诗人外长”风采依旧。在 2009 年 3 月 4 日上午举行的十一届全国人大二次会议首场新闻发布会上，69 岁的新闻发言人李肇星在回答中外记者提问时，妙语连珠，激情对答，又一次让在场的记者们领略到了他的幽默与风趣。虽然原定一个小时的新闻发布会因超时半小时而不得不结束，但是现场的记者们却迟迟不愿离去，思绪还停留在李肇星的那些精彩回答中。

调侃记者“哪壶不开提哪壶”

“中国有一句俗话，叫做‘哪壶不开提哪壶’，这位记者提的问题大概有一半与这个有点相像，所以我要说的话就太多了。”这是李肇星回答中央电视台记者提问时说的第一句话。

中央电视台记者是发布会现场第 4 个获得提问机会的，他问道：“您作为外长曾多次在两会记者会上与公众见面，那么您现在就任人大外事委主任委员，并且是人大会议的发言人，是否觉得这个岗位更具有挑战性？”李肇星还没等翻译完，就说出了开头这句话，引得现场一片掌声。

李肇星说：“人的职务总是会有变化的，对我来说不变的是，我是祖国的儿子、人民的服务员、朋友的朋友、知识面前的小学生。”此话一出，又引来记者们一片喝彩声。

直言“患难见真知”

当印度报业托拉斯记者问到“国际金融危机是否影响了中国向其他国家提供外援的力度”时，李肇星说：“中国受国际金融危机的影响也不小，但是我们也注意到，有许多发展中国家受金融危机的影响也很大。中国有一句话说得很好，‘患难见真知’。在当前国际金融危机给发展中国家造成严重影响的情况下，我们更加珍惜同发展中国家的团结与合作。在这种情况下，我们不仅没有减少对一些发展中国家的援助，没有降低我们同发展中国家合作的水平。我们在全国人民团结一心、共克时艰，保证自己的经济社会又好又比较平稳发展的同时，还在加大对发展中国家提供力所能及的援助，履行我们和有关国家已经签订的合作协议。”

提醒“君子爱财、取之有道”

“中国有句话，叫做‘君子爱财、取之有道’。你把这样的文物、抢夺来的文物拿来拍卖，不能算‘有道’。即使你拍卖成功，一切都顺利，得了好多钱，放在家里，能够心安理得地享受吗？现在看，你伤害了一个从来没有做过对不起你的事情的国家人民的感情，结果你们享受着这样的收入，你能幸福吗？你的良知不会感到尴尬，甚至可怜吗？”

这是当中新社记者问到“怎么看法国拍卖圆明园兽首铜像这件事情”时，李肇星向中外记者们说出的一番话。激动之情出于心、溢于表。他还引用了西班牙作家塞万提斯说过的一句名言，即“真正的自由是把握好自己”，说“损害了别人的尊严，自己的尊严也会受害”。

挑战“最不会回答”的问题

《中国会计报》记者是第11个抢到提问机会的，非常幸运，但她提出的政府理财问题，却被李肇星称为是“多少年以来碰到的最不会回答的问题”。

当她问道：“现在大家都把目光聚焦到4万亿投资的具体投向问题，但是也有很多人非常关心政府的理财问题，比如我们可不可以像经营企业一样来经营政府，算一算每投入一笔钱会有怎样的产出和效益？”李肇星听后坦言：“这是我多少年以来碰到的最不会回答的问题。我连自己家里花多少钱都不知道，或者也不知道怎么正确地花。回答这么敏感而重大的问题，真是有点难度。”但是，李肇星接下来从五个方面阐述了我国政府实行的积极的财政政策，却着实让记者们“大开眼界”。在现场，一位国内记者甚至还引用了小品中的一句经典台词“太有才了！”来评价李肇星的知识面宽。

在一个半小时的时间里，先后有12位记者获得了提问机会。几乎在回答每一位记者的提问时，作为新闻发言人的李肇星都会有“过人”的表现。比如，在回答台湾无线卫星电视台记者提问的“在两岸关系新形势之下，全国政协已经与台湾展开了人员互访的交流，全国人大是否也有这样的计划和安排？发言人本人是否也想到台湾去访问”问题时，李肇星用“女娲补天”的神话故事来表述自己想到宝岛台湾走走看看的期待之情。

在回答人民日报记者的“有境外媒体报道认为，中国只搞经济体制改革，但是在政治体制改革方面基本没有什么进展”问题时，李肇星说的第一句话就是：“我不知道你说的发表这种观点的外国记者是谁，也不知道他是否在场，如果由他自己提这个意见会更好。”

在回答俄罗斯通讯社记者关于2009年中国国防费预算细节的提问时，李肇星开门见山地说：“感谢你提这个问题，使我有机会对你的一些同行、同事在这个问题上散布的一些并不十分确切的消息进行澄清”，他提醒这位记者，“中国今年的军费有所增加，具体情况我可以慢慢地向你道来。如果你对这个问题感兴趣，那么我请你拿出笔来认真记一记，因为这些事情涉及很多数字，不太容易光凭印象就记得清楚”。

（来源：《中国新闻出版报》2009年3月5日）

第八章

积极应对媒体危机

媒体作为一种重要的社会力量，在政府危机管理中发挥着重要的作用。在现代社会，媒体应对是各级政府必须做好的重要工作，各级政府和领导干部要提高媒体应对能力，以实时、高效、公开、透明的姿态确立危机事件信息传播过程中的主渠道位置，始终握有信息传播的主导权。面对危机，各级政府及领导干部要制订舆论事件媒体应急预案，使提高正向引导力的方法具体化；直面各种虚假报道，第一时间公布真相，避免公众产生恐慌和谣言肆虐；重视意见领袖的作用，创造条件，让意见领袖积极“出马”，传递正能量；掌握舆论正向引导艺术，化危为机。

一、制订媒体应急预案，提高正向引导力

当今世界是一个突发事件频频发生的时代。媒体作为一种重要的社会力量，在政府危机管理中发挥着重要的作用。政府的媒体应对，是指在危机事件发生后，政府对媒体所持的态度和对应的做法。在现代社会，媒体应对是各级政府必须做好的重要工作，做好这项工作的前提是对媒体采访权的必要尊重与保障。媒体承担着信息的上传下达作用，既是政府用来在危机发生时进行舆论引导的重要工具，也是危机事件中公众获取权威信息的重要渠道。因此，各级政府要提高媒体应对能力，一定要保证媒体的采访权，保障公众的知情权，以实时、高效、公开、透明的姿态确立危机事件信息传播过程中的主渠道位置，这样才能始终握有信息传播的主导权。

作为政府与公众中介的媒体，对危机事件的应对策略成为遏制危机扩散、维护社会稳定的关键因素。澳大利亚危机管理专家罗伯特·希斯（Robert J.Heath）将媒体在应对突发事件中的作用概括为：一是提供信息，指导公众在不同的危机情境中行动；二是增强公众的危机意识；三是危机发生时警示公众；四是为危机管理者提供信息，关注利益相关者的情绪，可以理解和分析较大的危机；五是提供有关做什么、去哪里、联系谁及采取什么措施的信息，以控制并解决危机。

在当下复杂的媒体环境中，舆论事件通常对社会具有一定的影响力，尤其是突发的事件，政府出于维护国家和社会稳定的需要，一般都会对信息加强控制，传媒在传播时也会受到政府的影响，不能很好地进行传播，影响了舆论事件报道时的舆论引导力。在舆论事件的引导中，政府要制订舆论应急预案，加强自律，强化社会责任，正确引导舆论，及时化解突发事件报道中可能出现的新的社会风险和各种冲突，使得信息公开与舆论引导达到动态平衡，提高舆论的正向引导力，促进社会的和谐。

资料链接

应对突发事件的媒体“新战略”

第一，启动机制。突发事件发生后，要立即启动新闻发布应急机制，成立新闻发布领导小组，全面负责新闻发布和舆论引导工作；要立即成立工作组，分工负责对外口径的拟定、新闻发布稿的撰写、现场记者管理和舆情监控分析等。

第二，掌握情况。一是事件现场指挥中心要安排专人，负责向新闻发布领导小组通报情况和最新动态；二是当地宣传部门要向上级宣传部门报告情况，提出新闻发布的初步方案和对外口径。

第三，打好招呼。各地各部门要及时与宣传部门沟通，通过宣传部门招呼各层面的新闻单位遵守新闻纪律，不得擅自采访报道，做到舆论引导正确，帮忙不添乱。

第四，研究口径。要立即研究新闻发布口径，应对媒体和社会的关注。拟定口径要善于透过现象看本质，防止过分技术化处理而失去对本质的把握，过于追求微观层面的精准而失去对宏观层面的把握。特别要突出政府和各级领导干部的积极作为。

第五，专人发言。在处置突发事件时，各级政府要把新闻发布作为一项重要工作来考虑，在第一时间安排新闻发言人统一向媒体发布信息、接受采访、接待记者，争取舆论引导的主动权。

第六，主动沟通。要加强和上级媒体的沟通，争取他们的理解和支持。

第七，做好服务。要适应我国全面开放境外媒体记者来华采访报道的新情况，以更加开放、开明的姿态，积极应对境外媒体的关注。

第八，监控舆情。突发事件关注度高，相关舆情错综复杂，瞬息万变，这就要求我们必须建立健全舆情信息监测和交流机制。

第九，择机发布。突发事件的新闻发布既要讲究时效，更要讲究时机。在新闻发布问题上，一是要提出时间方案，考虑什么时候发最合适；二是要提出发布层次方案，考虑由哪个层次的新闻发言人来发布；三是要提出媒体方案，考虑对哪些媒体发布；四是要提出发布形式方案，考虑召开新闻发布会还是发新闻通稿等。对一些特殊事件，还要提出内外有别的发布方案，考虑对国内媒体如何发布，对境外媒体如何发布等。

第十，争取支持。要通过宣传部门在第一时间将情况如实上报上级，争取主管部门的支持。

媒体是社会公器，为公众行使社会守望的职能。媒体是一种公共资源，理应最大限度地为增进公共福利而发挥最大效益。突发事件应对中的危机传播，不同于一般新闻的传播，它是在极大时间压力下，对不确定状态作出的“无章可循”的传播。作为媒体，应该发挥其环境监测功能和社会整合、解释的功能，负起其应有的社会责任，增加责任感，讲究艺术，不断提高危机传播的水平。

梁衡认为：“信息与其说是旨在储藏，不如说旨在流通。在一个国家里，如果信息和科学的状况适应于国家的种种需要，则它就会得到最大的安全。”在互联网时代，网络媒体具有一定的优势，传统媒体若不积极主动进行报道，它的话语权就会被网络媒体所抢占。传统媒体与网络媒体要积极配合，发挥相应的作用，使信息渠道畅通，促进信息公开，为政府舆论引导创造条件。

舆论事件由于发生的特殊性，必然会引起社会舆论的广泛关注，会形成不同的舆论主导。公众如果得不到可靠的信息，从而任意猜想，将为失实报道、谣言的流行打开方便之门。面对突发事件，公众最想知道事件的进展，就是要拥有基本的事件知情权。因此，在舆论事件发生时，政府与媒体不应该封堵舆论通道，而应该通过新闻发布会，向公众如实、客观地报道事件的情况。在舆论事件发生时，如果缺乏及时性、权威性、可接受性的信息，必然导致其他负面的非主流的信息泛滥，影响社会舆论。因此，政府与媒体都要意识到信息公开的重要性，要坚持舆论事件信息公开，只有事实才是引导舆论的根本，能够对媒体和公众形成最有力的导向。

在舆论引导中，除需要保密的之外，做好信息公开是普遍原则，地方政府要灵活掌握和运用这个理念。要判明危机事件中涉及的信息是否涉密、涉密级别以及敏感程度，在此基础上，充分尊重和保障公众的知情权，该公开的必须及时公开，不便于公开的则要用适当的方法做出引导，让公众理解和信任政府的行动。所以，政府和公职人员要尽可能全面、深入地掌握与事件发展有关的各种信息，把公众最关注、最迫切要知道的、可以公开的信息真实快速地发布出去，把自己对事件发展过程中所做的工作系统地报道出去，以公开透明赢得公众的信任支持。

政府应制订舆论事件媒体应急预案，使提高正向引导力的方法具体化。首先，当舆情发生时政府要设定科学合理的引导目标，即知道“为了什么而引导”和“引导要达到怎样的目标”，对这些问题能够有清晰、准确的说明；其次，要有舆情发生时的工作方案，即“怎么引导”和“各职能部门和媒体等如何分工负责”等，其中要明确指定在舆情发展的不同阶段所要采取的对应操作策略及方法等，要易于理解、便于操作。

二、直面虚假报道，第一时间公布真相

市场经济条件下，在经济利益的驱使下，为了出彩，个别媒体使出了浑身解数，“化平淡为新奇、化粗糙为精美”，依靠“骂人”、“猎奇”、“媚俗”、“模仿”……怪招迭出，花样不断翻新，目的就是要“吸引眼球”，增加“冲击力”。这些现象的存在，与某些政府与领导干部长期害怕负面报道对自己不利也有很大的关系。作为领导干部，要勇于直面虚假

报道，这样才能让公众具有更多的知情权，让公众更相信媒体的真实性，更相信政府和领导干部的能力。

虚假报道是指媒体所报道的各类事实出现新闻要素（时间、地点、人物、事件起因、过程、结果等）或新闻细节（事件细节、人物语言等）与客观不符的报道。它分为主观故意和主观无意两种。主观故意多是从业人员为追求收视率、影响力、经济利益或轰动效应，从主观方面故意做出与事实不符的报道。主观无意多是从业人员由于业务素质低、政治敏感性弱等方面的原因，造成采访作风不扎实、采访流程不严谨等问题，导致报道不全面，与事实产生差距。我们要出重拳制止的虚假报道侧重点在于主观故意的虚假报道。

虚假报道是新闻事业的“毒瘤”。在众多的信息渠道中，人们之所以倚重新闻媒体，就是因为新闻媒体作为专业的传播机构，能够给公众提供真实、权威、准确的信息。一则虚假新闻制造的热点可能一段时间就会过去，但是留给受众的负面印象却很难消除。

目前，传播方式变革势头迅猛，媒体格局变化日新月异，虚假新闻的传播和蔓延呈现如下新特征：一是负面影响被网络进一步放大。二是由都市类媒体向传统主流媒体蔓延。三是由文体娱乐报道向经济时政领域扩张。四是媒体之间“交叉感染”现象不断出现。

资料链接

正视“负面报道”

媒体报道本身并无“正”、“负”。我们常说的“负面报道”，其实是一个被故意模糊化甚至“妖魔化”的概念。新闻的本质是事实，而事实是一种客观存在，将其划分为“正面报道”和“负面报道”，其中隐含了判断主体的价值观，掺杂了主观判断、个人好恶等因素，也由此造成了概念上的混淆和模糊。这不但不科学，而且极其有害。

一些领导干部习惯于把新闻分为“正面报道”与“负面报道”，主要原因就在于，他们简单地、想当然地认为，凡是“报喜”、“说我们的好”的报道，必然产生好的、正面的影响，所以是“正面报道”；凡是“报忧”、“说我们的不好”的报道，必然产生不好的、负面的影响，所以是“负面报道”。但实际上，媒体的报道是一回事，媒体报道所产生的影响又是一回事。判断媒体报道所产生的影响，也绝不像某些人大笔一挥就认定“正面”、“负面”那样简单。

事实上，“负面报道”很多时候是“正面效应”，对维护公共利益与社会安全，对社会健康运行，对改进和推动实际工作往往起到积极作用。“负面报道”的最大意义在于，它可以经常性地给政府“照镜子”，促使政府惊醒反思及时纠偏改正。新闻单位进行“负面报道”是在履行神圣职责，最终目的也是为了促进工作。媒体对负面事实只有如实传播，据实传播，实事求是，为大众描绘真实、全面的社会图景，在宏观上反映社会生活的真实与完整，才能保障受众的知情权，才能取信于民，取得他们的理解和支持，才有利于社会的和谐与稳定。

负面报道从某种角度而言，是有一定积极意义的。但是虚假报道，却会产生极其负面的影响，不仅会使公众无法辨识事实的真相，而且会直接有损于某些政府部门和领导干部的形象。因此，在构建社会主义和谐社会的过程中，各级领导干部必须直面虚假报道，第一时间公布事实真相，正确地引导舆论。

在媒体环境日益复杂的当下，虚假报道多集中于突发事件。突发事件来势凶猛，整个事件过程发展变化迅速，有时甚至无章可循或者没有先例可以借鉴，而且由于信息不畅通或者不全面，其发展与结果往往带有不确定性，难以预料。加之突发事件巨大的破坏性、危害性及其负面影响，突发事件一旦发生，时间因素就显得尤为重要。政府是公共信息最大的拥有者和控制者，尤其是在应对突发事件的过程中，政府更是处在核心地位，这使得政府在突发事件的应对中具备了实现信息公开的可能性。而且突发事件具有影响社会秩序的潜在危险，应对必须迅速准确，这更决定了政府信息公开的高度必要性。

资料链接

公布真相才是平息质疑的“灭火剂”

2013 年 5 月 31 日，位于黑龙江省林甸县花园镇境内的中储粮黑龙江林甸直属库发生火灾。经全力扑救，6 月 1 日现场明火已被扑灭。火灾导致 4 万吨粮食过火，直接经济损失近亿元。3 日黑龙江省公安消防总队公布火灾原因，系配电箱短路打火引发火灾。舆论将中储粮大火与此前的中央巡视组进驻联系在一起，更有网友联想到《天下粮仓》中“火龙烧仓”，媒体称公布真相才是平息公众质疑的“灭火剂”。

突发事件发生后，第一时间公布真相，意味着在与谣言赛跑。突发事件敏感度高、影响力大，容易引起公众和媒体的高度关注。在面对突发事件的时候，对事态发展的及时了解是人们作出各种行为选择的基础，而来自政府的信息无疑具有最大的权威性。因此，只有政府对事态信息及时、准确地发布，人们在经历突发事件的过程中才能避免恐慌和盲目。舆论传播、媒体炒作在一定程度上对突发事件的升级蔓延，起到了不可忽视的放大、催化、鼓动作用。尤其是互联网迅猛发展的现代社会，信息传播渠道四通八达。如一味地隐瞒事实真相，而让公众先接触到片面或虚假的报道和信息，受先入为主的信息接受习惯的影响，公众容易形成思维定势，导致谣言满天飞，使局势恶化，使处置工作陷于被动。

新时期，突发事件涉及的政府主管部门必须改变传统思维，落实专门人员做好信息发布工作，在公布消息时将网络媒体放在第一位（报纸、电视由于受编辑程序的影响，发布消息有一个过程）。除了网站以新闻形式公布消息外，还要落实专人在辖区网民经常光临的网络论坛、社区、贴吧转发相关消息。要建立健全网络新闻发言人制度，开设官方微博、微信等政务新媒体，在一些热门网络论坛、社区注册官方账号（能够得到相关机构认证最好）。通过官方账号发布的信息，不仅能增强权威性与可信度，而且能够建立良好的网络信息发布秩序。

资料链接

“谣言”公式

1947 年，G·W·奥尔波特与 L·波斯特曼总结出了一个决定谣言的公式：

谣言＝（事件的）重要性 ×（事件的）模糊性

这个公式中指出了谣言的产生和事件的重要性与模糊性成正比关系，事件越重要而且越模糊，谣言产生的效应也就越大。当重要性与模糊性一方趋向零时，谣言也就不会产生了。

突发事件发生后，需要公开的信息分为两类：一是突发事件自身事态发展的信息，二是应急处置工作的信息。

关于信息公开的内容，必须坚持下列三个原则：首先，政府相关部门应该充分履行信息发布的职责，满足公众的知情权。事实证明，政府提供的信息越充分，社会的不良信息或者虚假信息就会越少。其次，新闻媒体可以按照新闻操作规则自行发布突发事件信息，但是，媒体必须对自己发布的新闻作品承担法律上的责任。再次，如果媒体或者其他个人发布虚假信息，从而造成社会危害，那么，行政机关或者司法机关应当及时介入，发布准确信息，并追究造谣惑众者的法律责任。

面对意识形态、虚拟社会领域的复杂形势，从某种意义上说，谁掌控了舆论，谁就掌握了处置突发事件的主动权。因此，要深入研究新形势下社会舆论环境、舆论格局、社会心态以及人们思想观念发生的深刻变化，深入研究新形势下各种受众群体的接受习惯和心理特征，坚持正面引导，建立健全突发事件宣传报道机制。

资料链接

信息公开示意图

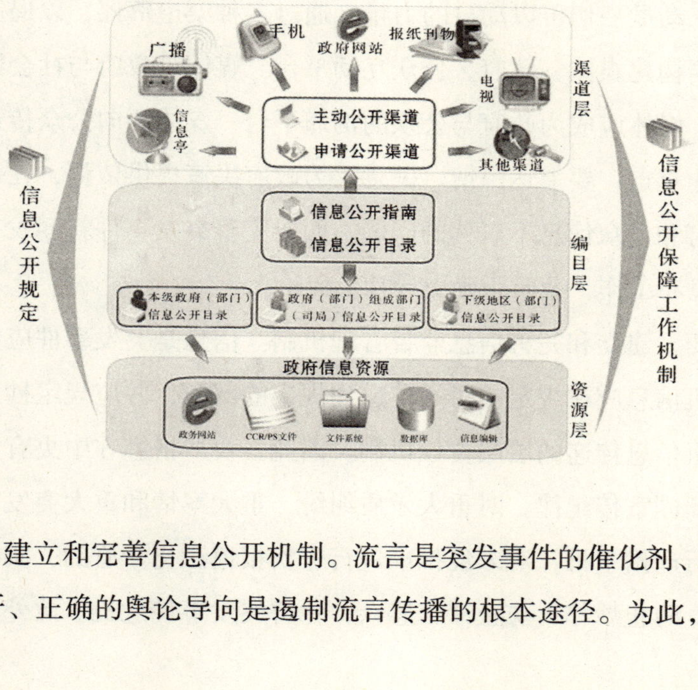

第一，建立和完善信息公开机制。流言是突发事件的催化剂、助燃剂。而信息公开、正确的舆论导向是遏制流言传播的根本途径。为此，必须坚持信息公开，遏制流言传播。要及时公开社会热点、焦点问题，及时公开政府对热点、焦点问题的态度，满足公众知情权的需要。这是民主政府的职责，也是防止信息失真、被误传、谣传的举措。

第二，建立和完善信息处理机制。各级政府应当建立或者确定本地区统一的突发事件信息系统，汇集、储存、分析、传输有关突发事件的信息，并与上级人民政府及其有关部门、下级人民政府及其有关部门、专业机构和监测网点的突发事件信息系统实现互联互通，加强跨部门、跨地区的信息交流与情报合作。提高各级领导干部对突发事件的认知能力和判断能力，对其发生、发展的过程都要有一个科学的判断。这样，既可以澄清事实又可以防止流言，对群众进行正确的社会舆论引导。

第三，建立和完善信息传播机制。在突发事件出现以后，一要有效控制信息导向。要牢牢掌握对外报道的主动权，指定专门的机构和人员负责事件的对外发布。切忌发布未经证实的消息，对发布消息可能产生的反响要事先作出估计。二要大力消除谣言。在及时提供全面、确凿的事件真相的同时，动员一切可以动员的力量，通过多种渠道辟谣，以遏制谣言的流传。三要构建媒体、政府、公众互动平台。媒体是政府与社会舆情互动的连接者，媒体应成为政府与公众的沟通平台。媒体要向公众传达政府的决策、工作重点；要上达民情、民意，为政府决策提供依据，在一定程度上解决政府和公众信息不对称的问题。四要完善突发事件新闻发布制度，规范新闻发布工作，及时正确引导社会舆论。

第四，建立和完善信息监督管理机制。信息是突发事件应对管理的命脉，危机信息应在规定的时间传递到规定的部门，并应规定抄送的客观标准及危机信息传递的层层责任机制。因此，要严格遵守中央有关重大突发事件的新闻宣传纪律，对重大矛盾纠纷、重大案情和重大突发事件的新闻报道进行严格审批，对未经批准进行失实报道激化矛盾的，实行责任倒查和追究。防止炒作，防止谣言惑众，化解突发事件危机。此外，在信息网络化的时代，要进一步加强对互联网、手机短信等信息传播渠道的监管，建立严密的网络监控机制，形成信息网络和排查制度，以便及时发现不利于社会稳定的信息，掌握民情动态，预测和摸排可能发生的群体性矛盾。

三、借助“意见领袖”的力量，传递正能量

随着我国经济转轨和社会转型，经济成分的多样、利益格局的分化，各种社会思潮异常活跃，以现代科学技术为广阔背景的网络时代，形成了与以往任何时代都不同的意识形态特征。近年来，多种迹象显示，知识界逐渐涌现被称之为民间“意见领袖”的知识分子群体。

意见领袖是指在人际传播网络中经常为他人提供信息，同时对他人施加影响的“活跃分子”，他们在大众传播效果的形成过程中起着重要的中介或过滤的作用，由他们将信息扩散给受众，形成信息传递的两级传播。从传播学的角度看，意见领袖是两级传播中的重要角色，是人群中首先或较多接触大众传媒信息，并将经过自己再加工的信息传播给其他人的人。他们具有影响他人态度的能力，介入大众传播，加快了传播速度并扩大了影响。

意见领袖一般颇具人格魅力，具有较强综合能力和较高的社会地位或被认同感。在社交场合比较活跃，与受其影响者同处一个团体并有共同爱好，通晓特定问题并乐于接受和传播相关信息。这个群体力图成为超阶层的、代表社会良知的、理所当然的公共事务的介入者和公共利益的守望者，并借助互联网等新兴媒体，就社会基本问题发表意见，对随时发生的重大事件表态；他们积极批判现实，质疑“主流”的态度常常影响社会舆论的形成与走向。

我们常说“天灾人祸”、“怨天尤人”，天灾其实并不是最可怕的，最可怕的是人祸，美国卡特里娜飓风、缅甸风灾之后，由于没有畅通、透明的信息传播途径，导致当地谣言四起，社会动荡不安。许多突发事件之

所以一开始没有得到有效的应对，就与意见领袖的缺失很有关系；反之，我们要有效应对突发事件，应该创造条件，让意见领袖积极“出马”。2013年四川省雅安地震期间，在4月20日至23日短短4天时间内，新浪微博平台上“雅安地震”被提及80657996条，众多媒体、机构、认证用户和意见领袖的微博被大量转发，在事件发展变化中很好地起到了舆论引导作用。

在网络中要积极建立具有主流价值的意见领袖，特别是党员干部、知识分子要成为各领域的意见领袖，引导网民遵守法律规范，坚守道德底线，在发生社会矛盾时能够理性认识。这样就能用积极健康的网络舆论占据网上主导地位，传播网上正能量。

资料链接

中国最具微博观点影响力意见领袖排行榜 TOP10

排名 \ 指标	网名	年龄	职业	平均转发数 / 条	粉丝数	意见领袖总名次
1	马云	48	商界人士	6794	366 万	2
2	李承鹏	44	媒体人	4802	398 万	6
3	于建嵘	50	学者	3006	120 万	8
4	郎咸平	56	学者	2830	514 万	5
5	李开复	51	商界人士	2488	964 万	4
6	芮成钢	35	媒体人	1927	285 万	12
7	慕容雪村	38	作家	1119	118 万	7
8	许小年	59	学者	1072	245 万	27
9	潘石屹	49	商界人士	1026	767 万	1
10	贾平凹	60	作家	939	22 万	11

（来源：《中国微博意见领袖研究报告》，2012年3月）

近年来，在“微博打拐”、贫困地区学童“免费午餐”等事件中，一批网络意见领袖起到了重要的参与和引导作用，而在拆迁、上访、事故灾难等突发事件上，网络意见领袖更是频频发声，发挥了一定的作用。此外，在一些突发事件真相难明，流言满天飞的情况下，代表正确舆论方向的意见领袖，起到了辨明事实真相，遏止社会流言，把握正确舆论导向的作用。在新形势下，微博不仅已成为政府及官员信息发布的平台，而且在现实生活中发挥着更加实际的作用。党政领导干部、人大代表、政协委员等通过“开微博”搭建诉求表达新渠道，塑造亲民形象，积极引导舆论的做法，得到了广大网民的肯定和回应，成为意见领袖中的特殊群体。

但同时，少数网络意见领袖缺少自律，有意或无意发布不实信息，放言立论偏激，放大现实中的社会矛盾和偏激心态，让某些极端化的言论占上风，引发网络舆论动荡，甚至危及社会稳定，其危害不容忽视。目前，网上广为流传、影响较大的谣言背后，几乎都会存在几个造谣或者传谣的意见领袖，由于其公众关注度很高，许多人对他们的微博会在未加核实的情况下毫无怀疑地转发，加快了假消息的扩散，使更多的人信以为真，对事件起到了推波助澜的作用，造成非常大的消极影响。

我国正处于社会转型期，各种矛盾和问题凸显，人们在生存和发展以及参与社会竞争中，面临不少矛盾、困难、压力和挑战，造成部分社会成员心理压力增大，特别是面对发展中出现的一些利益矛盾，产生了一些不同的看法和各种不满情绪。怎样让意见领袖们在突发事件中发挥更大的作用，同时避免可能的风险是我国政府的网络舆论引导的新课题。一是应该尽快建立意见领袖的自治规则，让意见领袖接受、熟悉、运用和遵守，并自觉地在这一套规则之下共同运行。二是培育意见领袖的自律精神。广大意见领袖要增强自律意识，自觉诚信守法，自觉抵制和反对网络民主中的消极现象。三是提高意见领袖群体的自组织水平。这种组织化不是外在强加的，而是群体内生的，需要他们去探索和发展。

四、掌握舆论正向引导艺术，化危为机

突发事件对于一个组织和政府来说，可能是灾难，也可能是转机。在

突发事件潜在期，如果媒体能够及时发现突发事件存在的前兆，向政府传递潜在危机的信息，就可能防范突发事件的爆发。在突发事件突发期，如果运用媒体得当，正确引导社会舆论，就可能最大程度地发挥媒体的作用：在激发公众情绪中，实现危机传播的基调统一；在设置舆论焦点中，塑造政府危机管理的良好形象；在满足公众信息需求中，保持社会的正常运转，从而实现化危为机。

第一，在突发事件处置中最大程度地发挥媒体的舆论引导功能。在突发事件应对过程中，引导社会舆论是关系到应急处置工作能否取得良好效果的重要环节。而一些突发事件虚假信息的编造与传播，则会造成公众的集体恐慌，甚至出现大规模的危机蔓延，极大地影响应急处置工作的有效开展。这是因为，在突发事件发生后，社会上各种信息传播方式都呈现出明显的小道传播特点，加上社会公众的心态极不稳定，在面对传言甚至谣言时，常常是宁愿信其有、不愿信其无，这些都为谣言的传播提供了温床。特别是在手机短信、网络论坛、微博、微信等现代传播技术极为发达的当代，谣言产生和传播的速度之快、辐射范围之广，往往令人防不胜防。因此，除了政府相关部门及时准确发布相关信息外，最大程度地发挥媒体的舆论引导功能也是迅速处置突发事件的必要之举。

在多次突发事件报道中，主流媒体的观点与态度直接影响到公众对问题的认识与情绪，主流媒体保持了应有的理性与热情，基本做到了决策果断，调度有序，报道适时适量适度。积极的议题设置，既符合客观实际，又代表公众意愿，展示了高水平的社会动员和舆论引导能力。

要认真做好突发事件中舆论引导的具体工作。“细节决定成败。”突发事件一旦发生，要立即启动新闻舆论应急机制；组织精干的工作团队；迅速核清事实，拟定对外发布口径；第一时间召开新闻发布会，先说事实，慎说原因，边做边说，不断跟进发布；组织记者现场采访，接触当事人；维护好现场秩序，特别要防止记者与现场警察、保安发生冲突，不要人为制造负面新闻。与此同时，还要加强突发公共事件中各种重要舆情和敏感信息的收集和研判，为妥善处置突发性公共事件提供参考。

资料链接

深圳警方及时“发声”化解网友疑惑

2012 年 5 月 26 日凌晨 3 时 8 分，深圳滨海大道一辆高速行驶的跑车与两辆出租车相撞，致使一出租车内 3 人当场死亡。事发后五天的时间内，深圳交警部门对肇事者进行刑事拘留并公布车祸初步调查结果，同时就社会上关于侯某“顶包”的传言做出解释和说明。

深圳警方公布肇事者信息后，死者家属对结果表示质疑。在 5 月 27 日晚间，有网友发微博称：“希望能揪出真正逃逸的肇事司机，还她们家人一个公道。”此条微博被转载 42746 次，评论 8792 条。此后网友希望惩罚“真凶”，事件在微博平台上的关注度不断上升。

随着公众对此事关注度的飙升，传统媒体和网络媒体加大对此事的报道力度，《中国青年报》、《南方都市报》等纷纷发表评论员文章，媒体关注度不断提升。6 月 5 日，犯罪嫌疑人侯某以涉嫌“以危险方法危害公共安全罪”被深圳市人民检察院批捕。

深圳警方短时间内对肇事者进行拘留，在死者家属质疑肇事者“顶包”后，深圳警方连续三天召开发布会，及时公布视频、DNA 验证等相关证据，根据事态的发展和舆情的变化对网友的质疑做出积极回应，利用媒体平台与网友平等对话，较好地化解网友疑惑，也逐渐得到了网友们的支持。

除了新闻发布外，还应当有选择地邀请一些媒体，做一些专访或旁听相关事件处置会议、现场报道事件处置进程等，丰富媒体信息传播的内容，与统一的新闻发布相配合，借用媒体自身的强大传播功能，引导舆论，影响公众，更充分地驳斥一些消极的、失真的社会舆论。

特别是要建立突发事件网络舆情控制和引导机制。所谓突发事件网络舆情，是指民众以网络为平台，借助网络论坛、网络聊天、博客、微博、微信、电子邮件、网络新闻组等网络工具，围绕即将发生或已经发生的突发事件发布信息，以及所表达出来的社会政治态度。要建立网络评论队伍，引导网络舆情。在互联网环境下，通过"议程设置"，促进网络舆情的理性化，形成网上健康的、强势的主流舆论。针对网民易受权威左右的特点，可加强引导者的权威性，邀请相关专家参与网民的讨论，直接提供专家对事件的理解，或在线回答网民提出的问题。

第二，发挥媒体的作用，做好突发事件应对的社会动员工作。我国一直有一方有难、八方支援的良好社会传统。在处置突发事件的实践中，人民群众、企业和其他组织在共同帮助政府成功处置突发事件，与受突发事件影响的群众共渡难关等方面发挥了重要作用。在突发事件处理的过程中，如果政府及领导干部的行为能够得到广大公众的理解、尊重和支持的话，突发事件成功处理的几率就会大大提高。对突发事件的控制和处理不仅要依靠一定的组织来维持社会秩序，同样需要让公众了解危机局势的社会危害性、处理突发事件的政策和策略，唤起公众对政府行为的广泛支持。因此，在突发事件发生时，进行社会动员是很有必要的。

在一个开放的社会，没有社会力量参与应对突发事件是不可想象的。社会力量的参与，一方面可以缓解危机在公众中产生的副作用，使公众了解真相，消除因危机而产生的流言、恐慌等，起到稳定社会、恢复秩序的作用；另一方面可以降低政府救治的成本。由于社会力量的参与，信息通道不再堵塞，政府决策的可信度和可参与度得到提高，降低了政府政策的制定和执行成本。因此，要及时有效地处理突发事件，不能只依靠政府的力量，还要广泛动员，调动社会各界资源有序参与突发事件的处理。

群众中蕴藏着无穷的智慧和力量。突发事件的处理也最终是为了群众，因此，在处理突发事件的过程中要走群众路线，真正做到相信群众、依靠群众，从群众中来，到群众中去。现代政府管理的趋势是向“小政府，大社会”方向发展，政府要从以往无所不包的全能政府向有限政府转变，这时就更多地需要依靠公众和社会的自身力量来实行社会的管理活动，突发事件的管理也是如此。只有充分调动全社会的力量，齐心协力地参与突发事件处理，才能有效地解决危机。

第三，充分发挥媒体的作用，在突发事件应对中提升政府和领导干部的形象。突发事件中的政府与媒体应该是相辅相成的协作关系。事件发生后，政府应该建立恰当合理的应急机制，化解危机，在与媒体良性互动的协作中使社会和群众转危为安，同时也通过有效的政府媒体公关使政府与领导干部树立良好的形象。

政府媒体公关是解决突发事件的重要环节，也是提升政府和领导干部形象的重要途径。所谓政府媒体公关，就是政府为了更好地管理社会事务，争取公众对政府工作的理解和支持，塑造良好的政府形象，运用各种传播手段，与社会公众进行信息沟通的活动或过程。而突发事件中的政府媒体公关，就是在突发公共事件中政府运用各种传播手段，与社会公众进行信息沟通，共同应对突发公共事件的过程或活动。在突发公共事件中，政府、媒体和公众存在一种相互依存、不可分割的关系：政府依赖媒体将信息通告给公众和引导公众；公众依赖媒体传播的信息来了解事情真相以及各方面的情况；媒体则依赖公众的反应来强化自己对事件的影响和监督，并依赖政府获得自己难以得到的消息来满足公众的需要。政府、媒体、公众的关系是动态平衡的关系。政府和领导干部都应该重视这种平衡，在突发事件中使人民群众的损失程度降到最低，树立和提升政府和领导干部的形象。

延伸阅读

“7·23”甬温线特别重大铁路事故反映危机应对存在问题

2011年7月23日20时30分5秒，由北京南站开往福州站的D301次列车与杭州站开往福州南站的D3115次列车在温州市界内发生追尾，造成40人死亡、172人受伤，中断行车32小时35分，直接经济损失19371.65万元。事故发生后，国务院马上成立了“7·23”甬温线特别重大铁路交通事故调查组，坚持科学严谨、依法依规、实事求是、客观公正的原则，严肃认真地深入开展了现场勘查、模拟试验、技术鉴定、调查取证、综合分析和专家论证等一系列工作。其间政府发言人承诺会切实保证调查的工作质量，尽快提交事故调查报告，并公布调查处理结果，给人民群众一个真诚、负责任的交代。

调查结果显示，通号集团及其下属单位在列控产品研发和质量管理上存在严重问题，而铁道部及相关司局在设备招投标、技术审查、上道使用上也把关不严是造成事故发生的主要原因。铁道部执行基本建设程序不规范、不认真，片面追求工程建设速度，对铁路的安全重视不够，对客运专线系统集成工作管理不力。同时，上海铁路局的安全生产责任制不落实，对职工安全教育培训不到位；对职工履行岗位职责的监督检查不到位。在设备故障发生后，没有及时采取有效措施，对事故的发生负有一定责任，有关负责人在事故抢险救援中指挥不妥当、处置不周全，在社会上也造成不良影响。由于各部门在工作中的监管失误，造成重大事故的发生。

由于我国处于社会转型的特殊时期，会面临各种各样的突发事件，无论是自然灾害，还是社会矛盾、经济冲突甚至交通意外等都可能由于应对不当而演变成大规模的社会突发公共事件甚至群体性事件。在“7·23”甬温线特别重大铁路事故发生后，虽然国家立刻成立了事故调查组，但是从有关部门在8月22日、9月21日、10月25日的三次新闻发布过程中可以看出政府的危机管理能力急需提高，如在危机发生前的预防能力不高、预防意识不强，在事故发生很长时间后才出调查结果等。其中，在媒体危机应对方面主要存在以下问题：

一是政府危机处理能力不强。从8月22日、9月21日、10月25日三次就事故对人民群众交代的发言可以看出，在此事故发生前，政府未做好预防工作，即缺失危机未发生时的管理能力；在事故发生后，政府调查事故用时太长，且在对伤亡赔偿问题和对调查结果的处理方法上，也体现出政府危机化解后管理能力上的不足。

二是发言人面对媒体表述不当。由于发言人对于有关问题表述不当，引发了公众更大的信任危机，“这只能说是生命的奇迹”、“至于你信不信，我反正信了”甚至成为网络流行语，不仅发言人本人受到各种批评讽刺，本已被动的事故善后和舆论引导工作形势也更为严峻。发言人要提高素质，就是既要敢说还要会说，能够把好事说好，学会把不好的事好好说。

第九章

用好新媒体这把“双刃剑”

相比于传统媒体，新媒体在信息传播时更具有传播力和影响力的优势。新媒体在架起政府与民众之间的沟通桥梁的同时，其开放性、及时性、多元化等特征，也使得很多突发事件和言论，都会被迅速地放大、扩散，从而产生各种各样的舆论和社会影响。领导干部要认清媒体新形势，积极学习运用新媒体，掌握新媒体传播特性，在面对汹涌的舆论大潮时，告别新媒体恐惧症，理性对待；积极利用新媒体工具助力于政府信息化建设；主动触网，运用网络问政于民、问计于民；认识互联网对舆论工作带来的新挑战新考验，把网上舆论工作紧紧抓在手上，唱响网上主旋律，传递网上正能量。

一、告别新媒体恐惧症

新媒体，是如今信息获取的重要渠道之一，是大众表达观点的主要平台，更是各种正、负能量交杂的舆论场。新媒体区别于传统媒体最重要的标志就是新技术体系的支撑，这种支撑和铅字排版曾经对传统新闻出版生产过程所起到的支撑作用并无二致。虽然新媒体的快速发展引发越来越多的关注，对于新媒体的研究不断深入，但是目前关于新媒体的内涵仍然众说纷纭。美国《连线》杂志认为，新媒体就是一个开放的媒体，实现所有人相互间的交互传播；新传媒产业联盟秘书长王斌认为，新媒体是以数字信息技术为基础，以互动传播为特点、具有创新形态的媒体。一般情况下，新媒体可以说是基于网络技术应用之上的新型媒体形态。

历史上，任何一次科学技术的革新，都会给人类的生活面貌带来巨大的变化。比如说电灯的发明和推广，使得人们的夜生活变得更加丰富；比如说火车和飞机的出现，大大缩短了人与人之间的物理距离，人与人之间、组织之间的交流更加频繁。在传播领域，这种技术的革新给人类带来的变化同样非常突出。互联网的产生和发展无疑唱响了世界一体化的主旋律。互联网将两台计算机或者两台以上的计算机终端、客户端、服务端通过计算机信息技术的手段互相联系起来，人们可以与远在千里之外的朋友发送邮件、共同完成一项工作、共同娱乐。互联网为人们提供了海量的信息，颠覆了传统意义上“价值”的概念，大大缩短了人与人之间沟通的时间和距离，甚至改变了生活和消费模式。

互联网的出现固然是人类通信技术的一次革命，然而，如果仅仅从技术的角度来理解互联网的意义显然远远不够。互联网的发展早已超越了当初的军事和技术目的，几乎从一开始就是为人类的交流服务的。互联网迄今为止的发展，完全证明了网络的媒体特性。一方面，作为一种狭义的小范围的、私人之间的媒体，互联网是私人之间通信的极好工具。在互联网中，电子邮件始终是使用广泛、很受重视的一项功能。由于电子邮件的出现，人与人的交流更加方便，更加普遍了。另一方面，作为一种广义的、宽泛的、公开的、对大多数人有效的媒体，互联网通过大量的、每天至少有几千人乃至几十万人访问的网站，实现了真正的大众媒体的作用。互联网可以更快、更经济、更直观、更有效地把信息传播开来。

随着技术的不断发展，近年来互联网新应用越来越改变着媒体传播环境，其中微博的影响最惹人注目。在国内，微博的发展最早可追溯到2007年的饭否网，经过了一段曲折的发展历程，直至2009年7月份新浪网推出新浪微博起，微博在中国才开始引起网民的广泛关注。如今，政务微博已成为一道亮丽的风景线。在现代社会，如果谁没有开通微博，在某种程度上就是落后于时代的。微博以其发布便利、短小、易交流与传播的特点，深受网民的喜爱。微博已经成为人们交流与获取信息的平台，成为人们抒发情感的一种方式，成为人们生活的一部分。微博的影响力已深深介入到政治、经济、社会、文化、生活的方方面面。目前在我国获得广泛发展的微博类产品，预示着一个新兴媒介传播时代的到来。

资料链接

新浪微博支招官员微博说话

2012年5月，新浪微博发布全国首个《政务微博运营规范手册》。《规范手册》给出了官员开微博的“十二要”、“十二戒”、“十三忌”，建议开微博的政府官员“要明确微博定位”、“要敢于面对围观谩骂”、“要把握发布时间及频率”、“要配置专员管理加强审核”、“要主动搜索响应舆论”、“要及时处理投诉质疑”、“要加强重要信息保密”、“要发布简洁文字”、“要将网民意见整理备案”、“要向优秀政务微博学习”、“要真诚交流沟通”、“要在重大事件中快速发声”；“戒间断信息更新”、“戒不与网民互动”、“戒关闭评论功能”、“戒关注不当人群”、“戒内容公私不分”、“戒缺乏原创内容”、“戒与网民打口水战”、“戒说官话打官腔”、“戒单向宣传政绩”、“戒流于形式难做实用”、“戒轻率回复妄下结论”、“戒发布有违公序良俗的言论”；“忌目无法纪，违反法律法规”、“忌擅自谈论民族宗教问题”、“忌不懂特性，盲目开通微博”、“忌无安全意识，泄露工作机密”、“忌内容无限，暴露生活隐私”、“忌情绪失控，大开骂战”、“忌人身攻击，侮辱诽谤他人”、“忌内容消极，发布情色信息”、“忌轻信谣言，传播虚假消息”、“忌虚荣心强，以粉丝论政绩”、“忌光发不练，鲜与网民互动”、“忌微博无度，在岗时间刷屏”、“忌高高在上，疏远官民关系”等。

基于移动互联网的发展而出现的微信，也是新媒体时代的宠儿。和微博不同，微信最重要的特点是用户之间存在“强关系”纽带。有研究者曾在对微博、微信做对比时提出，微信与微博的区别在于微博是一个基于弱关系的复杂网络，而微信是一个基于强关系的 P2P 网络。无论这一理论是否成立，但无疑微信在信息传播中正在起到微博难以达到的影响力和辐射力。微信用户的朋友圈子更强大，这与微信的即时沟通和联络的功能和作用有关，也正因为如此，微信在信息传播时更具有传播力和影响力的优势。

资料链接

微信平台助推警务信息传播

2010 年 2 月 25 日，肇庆市公安局平安肇庆新浪微博开通，成为国内首个警务微博。历经三年多的发展，如今平安肇庆微博群已拥有600多万粉丝。而随着政务微博的迅速发展，另一个网络问政新平台——平安肇庆微信公众平台也应运而生。2012年9月6日，肇庆市公安局正式推出平安肇庆微信公众平台，2013年肇庆市各县（市）区公安机关也开通了微信公众平台。随后，端州公安分局宝月派出所又开通了全市首家派出所微信平台作为试点。肇庆警方认为，由于微博是点对面的传播而微信是点对点的传播，微信可能比微博的信息传播力更大。面对微信的迅速发展，负责人之一彭家祥切身体会到微信的实用性，“我们的微博有600多万粉丝，我发1条微博的话，真正能看到的人恐怕只有1%至5%。但微信就不同了，就算你只有1万粉丝，由于是点对点的传播，我可以基本保证发布的消息有90%以上的人会看，这样一来实际传播面就更广，能够真正传递警方的声音”。

网络的快速发展加快了信息传播的速度，使微博、微信等新媒体成为一个公共空间，架起了政府与民众之间的沟通桥梁。而这一桥梁所起到的作用随着网络技术的不断发展和传播理念的不断更新，在我国网民特别是手机网民实现井喷式增长的大背景下，发挥出不可或缺的重大作用。新媒体的开放性、及时性、多元化等特征，使得很多突发事件和言论，都会被迅速地放大、扩散，从而产生各种各样的舆论和社会影响。近年来发生的一系列网络反腐或网络监督事件，如广西烟草局长“网上日记”、河北“我爸是李刚”交通事故等许多事件，都是在媒体的持续追踪报道，特别是在微博等新媒体的介入下，使得事件真相逐渐大白于天下。由此可见，新媒体具有强大的监督功能。作为领导干部，要认清媒体新形势，积极学习运用新媒体，掌握新媒体传播特性，在面对新媒体环境下汹涌的舆论大潮时，应理性对待，采取积极的态度主动应对，而不应该采取害怕、躲避甚至“封、堵、截”等错误做法，避免不当的应对措施导致不良后果。

资料链接

一些领导干部对网络的五“怕”

一怕被指“作秀”。“木秀于林，风必摧之”，求“稳”不求“变”，与其在网络上备受关注，不如埋头做好工作。

二怕说错话。匿名性、平等性、即时性是网络媒体的主要特点，一些干部担心自己万一不小心说错了话，或者表达的本意被网民曲解，会很快被无限放大，百口莫辩。

三怕浪费时间，无法掌握真实信息。网友的建议意见，绝大多数是合理有益的，但也存在一部分不理性、不真实的声音，一些干部担心自己，或自己所在的部门、分管的领域“中招”。

四怕自己不了解相关技术。对前沿科技技术的把握不足，对信息安全掌握不够，担心学习能力不足，不足以掌握和应对技术层面乃至网民反映的需要解决的问题的能力。

五怕一些不愿公开的事情在网络的放大镜下被曝光。

在媒体新时代，领导干部要提高自身媒体素养，要以高昂的姿态进军新媒体，告别新媒体恐惧症。领导干部应该知道，面对新媒体这个阵地，不主动占领，别人就会占领；不主动去说话，别人就会乱说话；不主动及时准确地披露“突发事件”、“偶发事件”、“负面事件”的真相，就可能出现真假难辨、无法厘清的后果，甚至会出现黑白颠倒、是非倒置的恶果。在新的媒体传播环境中，如果做不到“守土有责”，那就是“开门揖盗”。领导干部要顺势而为，根据舆论关注的内容有针对性地开展工作，积极回应社会公众的关切。

二、用新媒体工具创新政府管理

网络大潮，汹涌澎湃。政府要将令自己既喜又忧的网络引导好，尽最大可能地发挥网络的积极作用，就必须置身其中，自己也来做“网民”。其实，政府上网早就开始了。将政府管理建立在信息技术、办公自动化技术和网络技术基础之上的一种全新的政府治理模式——电子政府，对各级领导干部来说，早已不是陌生的概念。

由工业和信息化部中国软件评测中心、人民网等共同发布的2012年中国政府网站绩效评估总报告显示，中央和省级政府网站普及率达到100%，地、市级达到99%以上，区、县级超过85%。有统计数据显示，目前我国在政府域名“gov.cn”下的网站已超过5万个。这些数据表明，从1999年我国开展“政府上网”工程以来，历经十多年的建设，我国政府网站已经初具规模，覆盖从中央到地方的政府网站体系已经基本形成。

政府网站的普及也悄悄改变了政府执政理念。为了使政府网站的内容和形式与公众需求更加贴近，各级政府不断扩大信息公开的力度、促进信息资源共享，并以此作为抓手，提高行政效率、改善服务行政成果，有效推动了政府职能的转变。

2012年，我国政府网站的链接可用性由2011年的84.5%上升到98.7%，基本上能够消除断链错链的问题，地市政府网站的服务功能可用性和互动功能可用性分别达到了93.9%和90.4%，比2011年分别增长了超过30个百分点，网站的可用性和内容丰富度显著提升。

以微博、微信为代表的新媒体，如今已经成为我国最具传播活力、话题深度和最有影响力的媒体平台之一，也成为网络问政的主要渠道之一。作为推动社会管理创新的有效方式，政务微博、微信逐渐受到政府的支持及公众的广泛认可。据《2012年新浪政务微博报告》显示，截至2012年新浪微博认证的政务微博总数突破6万个，同比净增41932个，增长率达231%。继政务微博之后，以“摇一摇”为标签的微信与政务相结合成为网络问政的全新平台，且渐有取代政务微博之势。根据清华大学公共关系与战略传播研究所社会化媒体实验室官方微信“政务微信观察”公布的统计数据，截至2013年5月2日的不完全统计，全国已开通的政务微信总量突破1000个。

资料链接

"豫法阳光"政务微博的特点和经验

2012年9月6日，河南省高级人民法院网络办公室发布消息称，河南省高级人民法院"豫法阳光"新浪微博显示的听众数量为1000490人，成为全国法院系统第一个过百万粉丝的法院微博。截至2013年9月27日，仅在新浪微博平台上的粉丝数已达到3428041人，发布微博12643条。"豫法阳光"广泛发布法律常识、工作动态、司法新闻等各类信息，内容不仅包括省内信息，还涵盖国内与国外一些经典司法新闻与司法案例，微博内容十分丰富，原创率达到82%。值得一提的是，"微直播"是"豫法阳光"在信息发布手段上的创新之举，极大地提升了传播影响力。

从最初的技术导向型建设理念，到内容导向型建设理念，再到目前的服务导向型建设理念，各级政府在创建多元化服务体系建设方面进行了一轮又一轮的创新。手机上网是时下最流行、最便捷的上网方式，一些地方政府网站推出了移动客户端，拓展相关服务渠道。这些移动应用不仅整合了一些通知公告等基础性政务信息，而且能够提供多种服务功能，方便公众随时随地访问政府资源。

从政府的公共政策制定方面来看，推进政府管理信息化，建立电子政府，可以大大提高公共政策制定的科学性和有效性。公共政策的制定，是通过一系列行政决策实现的，而决策的科学性、及时性、有效性，不仅是公共政策制定的基础，也是政府实行有效管理的前提和条件。电子政府的建立以及网络技术的运用，将会对行政决策产生深刻的影响。首先，可以促进决策的科学化和民主化。电子政府建立后，将会有一个专门的决策支持系统，通过这个系统，一方面，政府可以及时获取大量准确的信息，使决策的许多方法，如统计方法、系统分析方法、可行性论证方法、群体讨论方法等变得简单化、可操作化，从而大大提高行政决策的科学性；另一方面，通过网络，可以使广大民众随时了解政府的决策过程，并及时向党和政府提出自己的建议和看法，从而大大提高行政决策的透明度和公众参与的积极性，提高决策的民主化程度。其次，行政决策支持系统的建立和网络技术的应用，还可以大大提高行政决策的及时性和有效性。在传统的政府管理活动中，决策和执行是严格分开的。当一项决策在执行过程中发生了问题之后，通过层层上报，才能反映到决策机关那里。而电子政府的建立，则可使行政执行中的问题很快地通过网络反映到决策机关，从而对执行中的问题及时作出反应，提高行政决策的及时性和有效性。

从对政府公共服务的影响方面来看，推进政府管理信息化，建设电子政府，可以改善政府的公共服务，提高服务质量。首先，政府可以通过网络，向社会及时、准确地传递信息，可以大大提高政府提供服务的效率，克服官僚主义等弊端。电子网络政府的建立，不仅可以减少机构和中间管理层次，减少政府的公职人员，降低政府提供公共服务的人力、物力、资金成本，有利于提高行政效率，而且还有利于克服政府长期存在的官僚主义作风。其次，从接受服务的社会公众来看，电子网络政府的建立，为他们获取政府提供的各种服务提供了更加便利的条件。一方面，通过网络政府，可以把政府承担的各类公共服务的内容、程序、办事的方法等向行政区域内的所有单位、个人予以公布，使广大群众做到心中有数；另一方面，政府可以通过网络，提供“一站式”和 24 小时的服务，使过去必须要到多个部门去办理的事情，在政府提供的网络窗口，很轻松地就可以得到办理，而且还不受时间和空间的限制，使企事业单位、公民个人有可能在足不出户的情况下，就可以获得服务。

从环境保护方面来看，推进政府管理信息化，建设电子政府，可以推动政府办公自动化，降低能源消耗。在办公自动化实行以前，政府机构各个部门办公的技术手段各不相同，欠缺统一高效的沟通，容易造成信息不对称现象。一方面，电子政府的构建能够促进政府机构之间通过统一的操作平台进行交流和合作，有效地消除壁垒，实现信息共享，从而加快办事流程，提升政府行政工作的效率。另一方面，办公自动化还能够帮助理顺政府部门的条块关系，通过内部电子邮箱、短信平台使各部门工作人员的联系更为便捷和廉价。同时，政府办公自动化也为政府各部门之间交换、查询文件提供了便利，在很大程度上减少由于繁琐的行政程序和手续所带来的信息共享成本。

资料链接

重庆市建设为民、便民、利民的“政务超市”

“现在不用再到窗口排长队，只要坐在办公室点点鼠标，就可以完成工商年检了。”2013 年上半年，重庆福邻代账财务公司老板何植立和另外 4 万余名企业老板一起，通过市工商局“网上办事平台”，快速办理了“不见面”年检。

“不见面”审批，正是信息化建设的重要方向——通过互联网信息技术，相关职能部门对企业申报、审核、结果反馈等所有程序采用电子化操作，申报人员和办事人员互不见面，不仅提高了服务效率，还从源头上减少了人情审批、违纪违法审批等问题的发生机会。

网上审批项目多了，“电子”监控的力度也自然应该加大。重庆市监察局相关负责人介绍，将在已覆盖的 45 个具有行政审批职能的市级部门和38个区县，加大对办理流程和办理时间的全面监控，限时办结。一旦审批时间超过了法定时限，监控系统将自动给该项目审批单位亮“黄牌”；如果“黄牌”警示后，仍未办结该事项，系统将自动给该项目审批单位亮“红牌”。

同时，重庆市也将深入推进市、区县、镇街（乡）政务服务体系建设，打造更为综合、更为高效的政务服务平台，将政务中心真正建成为民、便民、利民的“政务超市”。

建立健全电子政府，全方位推动政府“上网”，推行电子政务应用可分为五个阶段：

第一个阶段，政府要在互联网上建立一个门户网站，这是一个标志。政府在互联网上的这个门户可以发布政府自身的各种各样的信息，比如说政府的组织结构，政府各个部门的职能，办事导向，新闻，等等。但是，整体上来看，这个阶段中政府和公众、企业整体上都处在一种被动状态。政府在门户网站上发布信息以后，企业和社会成员看不看，政府并不知道。而企业和社会公众也是被动的，因为上网以后，看到这个门户网站有些信息，浏览以后，知道政府有哪些机构，可以办哪些事情，但是也没有主导行为。

第二个阶段，政府与用户的单向互动阶段，比上一个阶段更高一级。这一阶段，政府不仅仅通过门户发布信息，而且开始提供很简单的服务，比如说过去到政府来办事，要到政府来领表，现在可以不到政府部门来了，政府部门把这个表就放在门户网站上，让企业或者社会成员下载，下载以后再填表，这个时候政府有了主动的行为，用户虽然不能和政府互动，但是可以通过网络，比如说对表格的填写可以向政府发问。这个时候进入了一个政府与用户的单向互动阶段，政府是主动的，用户是被动的。

第三个阶段，政府与用户两方面都出现主动行为，产生了双向互动。

政府不仅仅在网上给企业、公众提供下载的表格，而且企业或者老百姓填好以后，再通过网络传回给政府，这个时候就出现了政府和企业、公众的双向互动。但这时候还没有到网上办事阶段，仅仅是不要讨论了，填好表格以后，不要直接送到政府机构，通过网络把填好的表格传回政府。

第四个阶段，网上办事阶段，或者说通过网络来处理事务的阶段。以纳税为例，一个企业给税务部门交税、报税，首先从政府的门户网站上把要填的表格下载，填好，然后再把这个表格通过政府的门户网站传上去，当政府机构收到这个企业的纳税报告以后，通过网上把企业在银行账户上的钱划到国库里面，当这个过程都能够通过网络完成以后，才算政府在网上可以处理事务了，老百姓、企业可以在网上办理事务了。通过审核、划账，把纳税的这部分钱直接、安全地划转到国库里面，又不出差错，这就是在网上处理事务，只有当这个过程在网上完成以后，才可以说在网上报税这个电子政务的应用已经实现了。

第五个阶段，电子政务更成熟的阶段。这个成熟阶段有一些带有共性的特征。第一个特征，政府文件的电子化必然导致公务处理和政府业务流程的重新设计和机构的重新组合。传统的公务处理，起草、审批、流转，这个过程和电子化以后的政府公务处理是不一样的。过去是靠手工，现在是在网络环境下，都是面对计算机屏幕。那么政府文件的电子化，以及由于文件的电子化所引起的公务流转程序的变化，必然要求政府传统的业务流程进行重新组合，甚至要引起这个组织机构的重新调整，这是一个很重要的特征。第二个特征，政府公务人员和用户的界面由传统的窗口、柜台、办公室变成计算机屏幕了。过去，老百姓、企业到政府来办事，都是到办公室，或者到一个窗口，都是面对面直接打交道，现在面对的是计算机屏幕，公务人员处理事务，办理审批，面对的是计算机屏幕，同样，企业或者公众要在政府办事，面对的也是一个计算机屏幕。这样一种界面的变化，必然导致政府运行模式的改变，甚至会引起政府内设机构的改变。第三个特征，构建电子网络政府、推动电子政府发展不仅仅是将现有的政府业务电子化，而且要对现有的政府业务进行信息化的改造。这是非常重要的特点，也是比较难的一个问题。通过推动电子政务，不是把传统政务过程、政务流程简单地信息化、电子化，而是反过来运用信息化、电子化对传统的政务进行改造，这有相当的难度，也是我们在推动政府信息化的过程中，推动电子政务过程中最容易被忽视、最不易解决好的问题。

三、做网络的“三好生”

在新的媒体环境下，领导干部要主动触网，问政于民，问计于民，做网络的“三好生”，这不仅是时代的要求、人民的期盼，也是形势发展的必需。疲于奔命不如主动跟进，先行一步天地宽，让网络新媒体在推动地区科学发展、社会和谐中发挥更大作用。

随着网络的日益普及，互联网在中国的经济、政治、文化和社会生活中扮演着日益重要的角色，它不仅已经深刻改变了中国普通民众的生活，同时也开始逐渐改变中国的政治生态环境，成为普通民众行使知情权、参与权、表达权和监督权的重要渠道。在社会转型期和市场经济环境下，各种社会矛盾呈多发趋势，广大网民借助互联网平台反映当前民生、环保、住房、腐败等问题，政府通过互联网问计或问政于民，成为创新社会管理的时代命题。正因为如此，如今越来越多的国家开始日益重视互联网的问政作用。作为领导干部，也应该积极学网、用网，通过网络与民众加强沟通，听民意，解民忧。

网络问政，就是政府通过互联网作宣传、作决策，了解民情、汇聚民智，以达到听取民意，从而实现科学决策、民主决策，真正做到全心全意为人民服务。广义上的网络问政，更应该理解为政府决策和民意的双向互动过程。这个“问”既是政府问计于民或者问政于民，同时也是网民通过网络问政，使民众与党和政府之间实现双向互动、即时沟通，使党和政府的决策更好地来自人民、代表人民。网络问政集中体现为两点：一是网民的问，公众个体或群众向社会或党政机关部门及其领导通过互联网提出或表达各类诉求和意见，行使知情权，参与权，监督权；二是行政机关的答，各级党政机关领导通过互联网问政于民，实现科学民主决策，解决网民的实际问题，接受民众的监督。小到民众的生活琐事，大到公共舆论事件、突发事件等，网络应及时发布，及时应对。

资料链接

领导人主动与网民在线互动访谈

2008年6月20日，胡锦涛同志通过人民网“强国论坛”，与网友们进行在线交流。这是党和国家最高领导人首次通过网络与公众直接沟通，立即引起网民关注，该消息成为当时各大门户网站点击率最高的新闻。从2009年开始，每年“两会”前夕，温家宝同志都会到中国政府网和新华网接受访谈，就重要民生问题与网民在线交流。

不仅中央领导人带头与网民互动交流，部分省市一把手也大胆“触网”，最有影响力的是时任广东省委书记汪洋从2008年开始开展的每年一度的“汪网会”，首开地方“网络问政”先河，得到网民高度赞许。据《南方都市报》2012年1月14日报道，2011年第四次“汪网会”，汪洋和五位省委常委一起与网民线上沟通。面对如此强大的阵容，网友们也很“强大”。网站发出预告不到半小时，就有669.85万人次浏览了该网页，11793人留言提问、“拍砖灌水”。

当前，网络问政存在的问题主要表现在：

一是网络问政常态下，农村百姓诉求难。目前，我国网络问政已取得成效，具有一定规模，部分地区取得可喜成效，但是在偏远的农村不少农民还无法正常上网，对网络知识知之甚少，很多想法和问题想诉求却没有正常渠道，想通过网络平台很难实现。要想解决这些问题，还需要各级政府加大投资力度，提高网线普及率，让信息资源、参政议政渠道进入寻常百姓家。

二是城市网络问政随意性强，应加强监管。除了技术层面上的原因外，网络的隐蔽性、随意性等也不容忽视，比如参与“两会来了，我托省长书记捎句话”活动的内容十分丰富，形式也多种多样。但非理性、极端化参与的现象也屡见不鲜，甚至还有非法参与、暴力参与的情况出现。如果监管制度不力，一些有恶意恶搞的事件必然带来负面作用。

三是问题过于表面化，形式大于内容。有些地方表面上参与网络问政，但实际操作中过于表面化，限于表面文章。不能真正重视，对反映的问题也不能够深入调查了解，只一味追求回复率，对问题的实质性不探讨、不解决。

四是网络问政制度的瓶颈要打破。说到底，网络问政目前还只能算是个新生事物，还远不能取代主要的政治运行方式，它只是“问”，只是增加了一个大众表达问题的平台，具体的操作没有固定的模式，没有固定的标准，没有统一的答案，各级各行业面对网络问政，既可以这样，也可以那样。也许这正是目前网络问政制度的瓶颈所在。但无论如何，网络问政已成为政治生活的一个重要组成部分，其瓶颈必须打破，其进一步的发展和强化也是大势所趋。

因此，应从以下几个方面予以加强：

其一，建立健全网络新闻发言人制度，负责定期处理网络问政的相关事宜。网络新闻发言人要了解、熟悉本地区、本单位的工作，政治和业务素质过硬，掌握互联网舆论引导工作的方法与技巧，有较强的工作事业心、责任感和大局意识以及协调能力。

其二，建立完善网络问政运作流程，形成一个高效运行机制。要有责任人处理日常网络问政舆情，及时发现解决问题，做好日常问政舆情的核实、督办、反馈、上报等事项，拟定引导口径，制定引导方案，开展新闻发布，联络网络媒体，组织引导行动等，并及时向同级网管办和媒体网络事项督办中心（简称ZZIC）通报网络热点、重大事件、突发事件和网民反映问题处置进展和调查处理结果。同时，结合宣传部门负责筹划组织正面宣传报道和集中采访报道活动。

其三，培养公民的有序参与网络问政的意识，同时采取相应的措施有针对性地提高公民综合素质。目前，不少网民参与网络问政的热情很高，但方式方法不对头，结果效果不理想。有些网民属于跟风族，并不是发自内心地问政，只是好奇、凑凑热闹，或者仅限于发发牢骚。因此加强公民素质教育十分必要，包括法律法规知识的普及及道德教育等，全面提升广大公民的网络问政水平。

当然，网络也有自身的弱点，那就是信息的准确性无法核实。有些不实信息，经网络广泛传播后，混淆人们的视听，影响国家正常的政治和经济生活秩序。还有的人出于种种目的，在网上对政府和政府的政策加以诽谤和诋毁。这诚然有网络自律和公民媒体素养不够的问题，但最关键的，还是有关政府部门解决问题不够及时。没有官方的权威声音去澄清，民间的传播就会产生负面效应，从而引起人们的心理恐慌。

网络的作用已经渗透到社会的各个领域，“网络问政”程度已经越来越深入、范围越来越广泛，“网络问政”的势头不可阻挡。最大化地发挥网络的积极功效，抵消网络的消极作用，体现科技造福人类的先进面，已经成为政府部门和各级领导干部必须要面对的问题和挑战。必须站在推进民主政治建设的高度，站在把网络作为民主政治建设的重要手段和工具的高度，把“网络问政”保护好、发挥好、引向深入。保护好广大网民对国家民主政治建设的重视和热情，通过举办网上论坛、办好网上评论栏目、微博微信互动等形式充分调动网民建言献策的积极性。

资料链接

“平安北京”互动性强获赞誉

2013年7月1日至7月15日，“平安北京”微博净增量为187条，评论中回复留言总共达到218条。回复多针对微博中网友的具体咨询进行解答，少部分回复是感谢网友的肯定和支持。对比某些极少更新，互动性和服务性缺失的政务微博，“平安北京”以高度的互动性获得网友的称赞。在倾听民生的同时，“平安北京”既有专业的解疑答惑，也有自然风趣的与民沟通，这种真诚、公开和及时的信息交流和沟通，拉近了与网友的距离。

传统的反映民意的途径，一是媒体的监督批评类新闻，如央视的“焦点访谈”栏目等；二是各级政府部门报送的相关资料，如高层了解民意的通道在新闻之外主要是通过新华社的内参等内部刊物；三是逐级政府上报的材料；四是政府本身存在的以信访局为代表的一些倾听民意的机构。而以网络为代表的多种媒体形式的新出现，则为相关决策者提供了另一个更为全面更为集中的民意反映。

资料链接

山东省将探索实行重要新闻网络媒体首发制

2013年6月26日下午，山东全省互联网宣传管理工作会议在济南召开。山东省宣传部在会上透露，山东将在已经取得经验的基础上，探索实行重要新闻网络媒体首发制。这是新闻传播理念的一个重大转变。

会上，山东省宣传部还发布消息称，今后要突出抓好互联网宣传管理工作的重点任务，做大做强网络正面宣传，精心组织网上主题宣传，大力加强网络内容建设，深入实施网络文化惠民工程。要大力加强信息公开和新闻发布工作，推进政务信息公开常态化，完善新闻发言人制度，并加强平台载体建设。要积极稳妥应对重大突发舆情事件。在网络内容建设方面，网络宣传要以内容为王。要发挥网站的作用，积聚网民的智慧，加强网络文化产品的创作生产，组织开展丰富多彩的网络文化活动，不断丰富网上内容供给。现在，传统媒体面临着网络媒体的挑战，应对挑战最根本的途径就是占领新媒体、应用新媒体。要积极推动传统媒体向网络空间延伸拓展，加快报网、刊网、台网融合，大力发展新媒体、新业态，探索实行重要新闻网络媒体首发制，实现新闻信息的快捷有效传播。

此前，山东省遵循新媒体传播规律，加快新闻传播速度，对于“三公”经费公开、食品安全等重要新闻，首先在新华网、人民网、大众网等网络媒体首发，取得了较好的传播效果，受到广大网民的肯定。

近年来，一些地方举行的通过网络“问计于民”的活动，大都得到了广大网民的热烈回应。事实表明，在涉及民生的诸多问题上，只要政府及相关部门能够进行科学、民主决策，能够大胆“问计于民”，充分吸纳民众意见，就一定会收到良好的意见和建议，因而，就可能会获得更好的预期效果，最终据此出台的措施也就更有针对性，更能得到群众的大力支持和拥护。因此可以说，“问计于民”可谓是集科学、民主、和谐、高效于一身。

政府和领导干部在作出重大决策特别是涉及民生问题的决策时，都应“问计于民”。这一“问”体现了对“民”的固有权利的尊重，可以有效防止某些领导干部单方面拍脑袋决策，更能够避免即将出台的政策被人为地抹上神秘色彩，以免使公众因为不甚了了而引发种种不必要的恐慌。面对公众五花八门的“计”，领导干部要做好心理准备，因为公众的“计”，与预期取向相一致固然最为理想，但有时候也可能相反。当然，通过网络“问计于民”，政府和领导干部本身要有自己正确的姿态。“问计于民”的目的就是要得到真实的民情、民意，而要想得到真话实话，一方面，领导干部要摆正位置，平等待人，躬身下问；另一方面，要做到信息公开，让人民了解更多的情况，这样才有可能提高公众参与“献计”的热情，保证公众“献计”的质量，从而真正实现通过网络“问计于民”的初衷。

在网民数量急速增长的今天，面对这样一个新兴平台的崛起，领导干部在想什么？他们的行政方式、行政理念会发生哪些新的变化？这些变化，在普通民众的心里会激起什么样的涟漪？对政府信息化建设，又将产生何种投影？越来越多的信息表明，重视学习互联网知识，重视“网络问政”和“问计于民”，提高各级领导干部的相关水平和驾驭能力，已经成为时代的要求。

四、唱响网上舆论主旋律

网络舆情是个人、公众或集团利用（通过）互联网，在网络虚拟世界中对自己关心或与自己利益相关的现实社会生活中的热点事件及社会公共事务所表达出来的情绪、意愿、态度和意见的总和。在复杂的媒体环境下，领导干部要清醒认识互联网对舆论工作带来的新挑战新考验，把网上舆论工作紧紧抓在手上，唱响网上主旋律，传递网上正能量，切实提高引导舆论的能力和水平，营造良好的舆论环境。

在大众传媒时代，舆论引导力对任何新闻事件本身有强大的推动力和作用力，因此，政府要努力把舆情引导力这一服务性的工作变成一种硬的引导力量。据有关统计，网络已经成为当前突发事件发生的主要原因之一，

80%的信息会经网络传播而形成网络舆论，20%的信息是经一般传统报道，然后经多次传播，最终形成网络舆论。随着网络社会的快速发展，网络舆情在国家政治生活中发挥着越来越重要的作用。网络舆情不仅能够预警社会危机，还能极大地影响社会舆情。因此，我国政府应当不断发展和完善网络舆情的应对机制，提高政府与网络舆情的良性互动。

随着网民数量的迅速增加，近几年来互联网一跃成为一种最为强势的媒体形式。尤其是相对于其他媒体形式来说，互联网具有信息传播范围广、时效快、信息量大、互动性强和高度开放等特点，使其成为众多网民获取信息、交流表达的最重要的途径。

在网络虚拟社会中，各大微博、论坛等早已成为网民参与社会生活、表达心声的重要阵地，往往一个话题可以聚集成千上万人同时在线，网民通常讨论公共事务、表达意见诉求、进行舆论监督。

传播正能量、弘扬主旋律，用丰富多彩、健康向上的信息内容占领网络空间，是网络媒体必须一以贯之、坚持不懈做好的根本任务。经过多年的建设和发展，我国主流网站的影响力越来越大，在现实生活中发挥着越来越重要的作用。主流网站是指由我们党和政府领导、反映社会主义核心价值体系的网站，包括各级党委和政府建立的网站、党的传统媒体建立的网站和其他以弘扬社会主义核心价值体系为使命的网站。现在多数政府机构对本系统网站越来越重视，主动利用网站开展政府工作，第一时间发布本系统的动态信息，开创了主流网络文化阵地新局面。中共中央办公厅印发的《关于培育和践行社会主义核心价值观的意见》中指出，建设社会主义核心价值观的网上传播阵地。适应互联网快速发展形势，善于运用网络传播规律，把社会主义核心价值观体现到网络宣传、网络文化、网络服务中，用正面声音和先进文化占领网络阵地。做大做强重点新闻网站，发挥主要商业网站建设性作用，形成良好的网上舆论环境，集聚网上舆论引导合力。做好重大信息网上发布，回应网民关切，主动有效进行网上引导。推动中华优秀传统文化和当代文化精品网络化传播，创作适于新兴媒体传播、格调健康的网络文化作品。

在新形势下，各级政府和领导干部要充分利用主流媒体宣传资源，使网上正面宣传形成声势、形成影响，实现主流媒体与网络媒体两个舆论场的同频共振。

第一，在技术方面，应加强网络技术开发，增强自主创新能力。加强网络技术开发研究，是增强市场竞争力和运作水平的基础。领导干部必须高度重视主流网站新技术的应用，推动主流网站尽快建立一套科学完整的技术创新体制机制，不断提高技术应用水平。要加快健全以政府为主导、企业和科研机构为主体、市场需求为牵引，以应用促研发、产学研用相结合的科技创新攻关体系，保证网络关键技术的研发与互联网自身的发展相适应。

第二，在内容方面，应坚持以人为本，尊重网民、服务网民，实事求是、公开透明，提高舆论引导能力。要做好几项工作：一是把握时点，反应快捷。面对重大事件特别是突发性事件以及涉及民生的热点问题，应在第一时间发布信息、抢占先机，力争把党和政府的政策主张、处理问题的态度、解决问题的举措最早、最快、最准地告诉广大网民，压缩负面消息的传播时空，把公众情绪引导到健康理性的轨道上来。二是实事求是，敢讲真话。掌握舆论主动权和主导权，敢讲真话是前提。要勇于面对社会热点和难点，开诚布公地用真实的信息、真诚的态度给群众释疑解惑，消除误解和隔阂，理顺情绪，化解矛盾。三是超前策划，主动引领。在一些重大社会热点问题面前，事后宣传的方式在互联网时代只能让主流新闻网站陷于被动。这就要求必须围绕重大活动、重大事件、重大主题进行超前策划，适时主动设置网络议题，掀起网络舆论高潮，占领网络舆论制高点。

第三，在经营管理方面，要把党管媒体原则与市场经济规律有机结合起来。互联网是新生事物，其建设和管理没有经验可循，一切都需要在实践中不断探索。主流网站在坚持党的领导、把握正确导向、坚持用社会主义核心价值体系引领多样化社会思潮的前提下，应按照市场经济规律加快改革步伐，增强自主经营、自我发展、自我约束能力，实现社会效益与经济效益有机统一。

资料链接

“中南海离普通老百姓又近了一步”

2005 年 10 月 1 日，中华人民共和国中央人民政府门户网站（简称“中国政府网”）试开通。中国政府网是国务院和国务院各部门，以及各省、自治区、直辖市人民政府在国际互联网上发布政务信息和提供在线服务的综合平台。网站开设“今日中国、中国概况、国家机构、政府机构、法律法规、政务公开、工作动态、政务互动、政府建设、人事任免、新闻发布、网上服务”等主要栏目，发布政务信息和数据资料，方便公众了解国家法律法规和重大决策，同时面向社会提供与政府业务相关的服务，逐步实现政府与企业、公民的互动交流。

2013 年 10 月 11 日，中国政府网正式开通官方微博和官方微信，今后国务院的重要决策部署和政策文件等内容将通过新华微博、腾讯微博和微信等新媒体形式权威、准确、及时地向社会公众公开，有媒体对此评论说，“中南海离普通老百姓又近了一步”。

近年来，在“7 · 23”动车追尾事故等案例的网上舆情处理过程中已经暴露出政府的网上舆情引导工作存在不足之处，政府有关部门在网上舆情的主动引导、设置议题等方面的能力严重不足，政府完全被网上负面舆论和各类谣言牵着鼻子走，不得不被动应对、疲于奔命。因此，各级政府如何利用好手中的媒体资源，加强对网上舆情的应对，是一个非常重要的课题。从传播学的角度来看，虽然互联网传播主体泛化分散，人人都有可能成为信息的发布者，但并不意味着每个人的信息都可以得到足够的重视并予以接纳。传统主流媒体拥有的权威性和品牌优势，无疑使主流媒体新闻网站被大部分人重视并接纳。利用传统主流媒体的权威性和品牌优势，在办好传统主流媒体网站的同时，各级党委、政府应该在政策、经济上积极扶植一批国家、地方重点新闻网站，形成一批取信于民的主流新闻网站，掌握网站舆论宣传阵地的主动权。由于网络舆论形成非常迅速，作为舆论引导者，在网上舆情形成后主流新闻网站应及时作出反馈，提供最新新闻事实，采用传统媒体的深度报道、专题报道等形式，集纳网络媒体的多媒体表现形式和超文本链接，深化对新闻事件的报道，增加信息的透明度。面对源源不断的信息和意见，网络新闻媒体可通过有意识地设计主题或话题，把网民的注意力引导到特定的方向，形成积极稳定的舆论气候，让受众在潜移默化中获得启示，接受引导。

近年来网络舆情的兴起对社会舆论生态带来了巨大的影响，尤其使党和政府的执政能力受到巨大考验。面对汹涌澎湃的网络舆情汪洋大海，一些政府部门和官员由于应对不善而呛了水、吃了亏。如何正确应对网络舆情，已经成为现代政府及其工作人员在网络虚拟社会生存立足的一项基本技能，而正确理解把握网络舆情的传播规律及其影响效果，则是掌握这项技能的前提。

以互联网、微博、微信等为代表的新媒体的出现和发展使普通公民有了更大的话语权，社会各阶层都可以通过微博和微信表达个人的观点和见解、介入到公共事务之中，新媒体已经具有不可替代性。政务微博、微信的良性运行，将传统的从上至下的行政权力运行模式逐渐变为平行的运行模式，推动了“问政于民、问需于民、问计于民”的发展。如何正确地进行网络舆论引导与监管，关系着政务媒体的影响力，要着重做好以下工作：

第一，加强政府对网络的监测。随着新媒体的发展，信息的传播速度很快，传播量也很大，对网络舆情的管理一定先要做好对信息的监测，建立完善的监管机制。各级政府要制定有效的网络舆情监管机制，成立专门的部门专职负责对网络舆情的相关数据的调查与分析，部门成员由精通网络技术、政治敏感度高的全能人才组成，随时关注各微博、微信与公众交流情况，对这些开放的网络平台进行全程监测。在第一时间发现问题后，通过分析、研判、预警、评估流程来制订应对方案。通过政府舆情监测部门对网络舆情的监测，能够及时对网络的信息进行分析与引导，若发现负面的言论，可及时将其扼杀在萌芽状态，在很大程度上确保了网络舆情的良性发展。

第二，建立网上信息排查机制。政府部门与各微博平台网站要建立对网络信息的排查机制，政府通过舆情部门对所有的网络信息进行排查，从而提高对信息的审查力度。各网站通过网络编辑、网络管理员、网络信息的审核机制等，建立对自己网站信息的排查，确保本网站信息的可靠与真实，保证本网站网络舆情的正向发展。无论是政府还是网站的排查机制，只要一发现不利于民族团结、社会稳定的虚假舆情，一定要及时反映到相应的负责部门，进行有效及时的处理与跟踪，这样才能更好地使决策部门掌握舆情的内容和走向，促进决策的科学与公正。

第三，积极疏通网络舆情。在媒体新时代，网络舆情形成速度快，为了做好网络舆情管理，一定要提高政府的舆情引导力。网络信息的传播速度很快，如果不及时进行引导，极易发展成网络谣言，对社会造成很大的负面影响。因此，政府要利用好媒体工具积极地引导网络舆情，就要注重疏通网络舆情。政府在网络上开展舆情引导工作，首先要改变以前的打压的做法，要尊重群众，重视群众的想法与意见，通过理解群众，从而更好地引导群众。政府要善于从多元化的舆论中寻找共同点，从中发现积极因素，从而进行舆情的疏通。在疏通的过程中，政府需要坚持以人为本，从更高层次提出新的沟通理念，尽可能最大限度地取得网民的支持与认可，至少不与网民形成尖锐的对立局面。

第四，依法加强对网络舆论的管理。世界上没有绝对自由，任何自由都是在符合一定条件下相对的自由。人们在互联网这个虚拟的空间中自由地交流，可以尽情行使自己的话语权，但这种权利的行使并不是无限制的。世界许多国家都出台了相应的法律法规对网民网络用语、对做好舆论引导做出规范。如英国颁布《3R互联网安全规则》，美国确立了《信息自由法》、《传播净化法案》、《公共网络安全法案》等，德国通过《信息和传播服务法》、《信息自由法》等，法国通过《菲勒修正案》，东亚近邻韩国先后出台《电子传播商务法》、《互联网内容过滤法令》等，都对网络舆论管理做出了明确、详细的规定。到目前为止，我国已经是世界上网民人数最多的国家，党和政府对于网络舆论监督引导给予了高度重视：国务院新闻办公室在2000年4月成立网络新闻宣传管理局，并在各地设立网络新闻宣传管理处对网络舆论进行管理；信息产业部和各地方政府也都有包括信息发布、信息内容审核、用户备案等内容在内的网络安全管理制度。《全国人大常委会关于维护互联网安全的决定》、《互联网信息内容服务管理办法（草案）》、《互联网站从事登载新闻业管理暂行规定》等一系列互联网管理的法律法规也为清理网络舆论的不良现象提供了法律依据。尽管目前我国有这么多的规定，但是各种法规还有不完善之处。由于互联网本身就是在快速发展的过程中，当前已经成文的法律法规也存在内容滞后、可操作性不强的缺陷，因此，有关法律法规的更新和完善势在必行。首先，要明确确立网络舆论的法治规则，形成相对完整、系统、全面的法律体系，法律、法规间实现互为协调补充；其次，在有法可依后要有法必依，做到依法治网、依法舆论；再次，要不断强化法律规制的可操作性，使其能够发挥出应有的作用；最后，由于互联网无边界的特点，加强网络立法特别需要各国共同努力，我国的法律法规也要逐渐实现与国外法律的衔接，促进世界范围内网络法律法规的完善，各国联手为舆论安全保驾护航。

资料链接

澳大利亚网络管控严格规范

作为全球很早开始针对互联网管理立法的国家之一，澳大利亚对网络的管理可谓严格、规范。

首先，在政府层面上健全机制，设立专门机构进行管理。2005 年，联邦政府开始对广播、电视、电信与互联网进行联合管理，并于同年 7 月 1 日成立传播和媒体管理局（ACMA），对所有媒体的信息传播进行监管。具体到互联网管理，ACMA 主要负责防止恐怖主义、儿童色情等互联网违禁内容的传播，防止国家安全机密外泄，打击网络诈骗，以及教育澳民众如何安全使用网络。为保证工作的高效开展，确保澳媒体及网络安全，ACMA 拥有近 700 人的管理队伍，并成立管理委员会负责全澳互联网管理工作，在堪培拉、墨尔本和悉尼均设有相关机构。

澳大利亚将保障网络安全与升级网络技术提升到国家战略高度。2010 年 1 月 15 日，澳大利亚国家网络安全运行中心正式落成，该中心隶属国防部，旨在保护信息安全，维护国家利益。据悉，该中心将加强政府和公众对网络安全和威胁的认识，并不断掌握高新网络技术。为完成这一目标，中心将聘请约 130 名高水平信息科技专家、工程师及分析师，其中一些人员来自国防部等部门。

其次，制定更为细致完善的法律法规。从联邦政府到州政府，有关互联网管理的法规主要包括《电信传输法》、《广播服务法》、《反垃圾邮件法》、《互联网内容法规》等。例如，根据《广播服务法》相关条款，如接到诸如恐怖主义、儿童色情等互联网违禁内容投诉，ACMA 有权对这些内容进行审查。如果是本国网站，

ACMA 将要求其删除相关内容，如逾期未删除，该网站将被处以每天 1.1 万澳元的罚款（1 澳元约合 1.05 美元）；对于海外网站，ACMA 则将其列入黑名单，并用过滤软件进行屏蔽。截至 2009 年底，共有 2395 个网站被纳入禁止访问的黑名单之列。澳大利亚不仅在互联网立法方面逐步完善，在执法方面也尽力落实到位。据报道，一位澳大利亚作家注册的网站，即因虚构时任总理关于伊拉克战争的言论而被政府勒令关闭。

澳大利亚政府对未成年人上网有着非常明确的规定。根据法律，澳互联网用户必须年满 18 岁，并以真实身份登录，未成年人上网则必须由其监护人与网络公司签订合同。2008 年 5 月，澳大利亚政府开始实施一项耗资 8200 万澳元的“互联网安全计划”，旨在保护未成年人免受网络上不健康内容的侵害，同时阻止非法内容的传播。这一计划要求互联网服务提供商安装强制过滤器，阻止非法及违禁信息的下载。

澳大利亚宽带通信和数字经济部长斯蒂芬·康罗伊表示，对网络的审查在世界各国普遍存在。澳大利亚总理吉拉德也明确支持政府对互联网进行严格管理。吉拉德认为，实行网络审查制度是政府必须做出的一项决定，事关道德，就像澳大利亚的电影院中不会放映涉及儿童色情及暴力内容的电影，在互联网管理方面也应如此。2012 年 7 月，吉拉德还致信 7 家澳大利亚主要媒体，其中即包括网络媒体，希望其执行更为严格的自我管理制度，在内容的选择及传播方面更加自律。

在互联网时代，政府一定要积极引导民众，建立一种和谐的网络文化，培育网络传播精神，促进网络事件正向传播。以互联网为代表的新媒体是一把“双刃剑”，正面积极的舆论会传递出催人振奋、助人向上、凝聚人心、增强合力的“正能量”；而负面舆论则使得人心惶惶甚至导致社会骚乱，为某些错误思想或极端情绪的产生发展起到推波助澜的作用。必须承认，我国在网络立法方面起步较晚，对于网络舆论的法律和制度干预尚且跟不上时代发展的要求，监管工作中还存在“空白区域”或“灰色地带”。随着技术发展越来越快，传播环境的变化也越来越大，政府要依法加强网络社会管理，加强对网络新技术新应用的管理，推进网络法制建设，规范网上信息传播秩序，整治网络淫秽色情和低俗信息，打击网络谣言和违法犯罪，使网络空间清朗起来，同时，提高网民的法律意识，使越来越多的人意识到自身的责任，用法律保护自己的权利。

延伸阅读

被“低估”的新媒体

曾几何时，生活还没有被手机打扰，日子也没有被微博霸占，一家人围在电视前看《新闻联播》是很多人共同的记忆。如今，新媒体已经渗透每个人的生活，搜索引擎简化了我们的思考，社交网络又曝光了个人的隐私，连时间和精力也被微博、微信切成了一块块碎片。毋庸置疑，新媒体时代已经到来了。

虽然今天已是开谈必说新媒体，但新媒体的作用和价值在某些层面上还是被“低估”了。

要理解新媒体的作用，可以从“老媒体”报纸开始谈起。报纸的兴起得益于活字印刷术的使用，500多年前，德国人古登堡发明了铅活字印刷术，这一技术大大降低了印刷成本，使得人们能够大规模传播文字资料，识字也不再是少部分人的特权。古登堡在世时，全欧洲境内的藏书不过3万册，而他去世后的半个世纪里，这个数字突破了千万。识字不再成问题之后，现代意义上的报纸才开始出现，媒体也成为历史演进和社会变革的“守望者”，独领风骚几百年。

传统媒体是有局限的，局限主要在于它们的媒介。报纸有空间的限制，广播电视有时间的限制，而正是因为有这些局限，才使得它们在长时间的发展中形成了各自的规范，在规范的基础上形成了媒体的素养，而它们的受众也在长时间接受信息的过程中形成了自己的判断标准和价值取向。这些都需要时间的磨合，也需要媒体的坚守，一份报纸多年形成的口碑可能因为一篇不实报道名誉扫地，这样的事情以前很多，以后也不会少。

对新媒体而言，这些局限都不算是问题，互联网是全天候、全覆盖的。新媒体追求的是速度，是眼球，是如何用更大的噱头吸引更多的用户，来保证广告投放量的增长。

互联网真正走进我们的生活不过30年的时间，而新媒体的概念也是最近10年的事。按照历史加速发展的观点，人类在这几十年通过互联网创造的信息和财富是过去任何时候都无法比拟的，新媒体更新换代的速度也大大超过了人们的预期。但今天的互联网上，每时每刻都有真实和虚假、光明和阴暗、大众和小众的争斗，雾里看花，水中望月，能看到当下社会的浮光掠影，却难以看清时代的真相。

在新媒体上，规则追不上媒介发展的速度，则受众的素养就变得至关重要。传播学者霍华德·莱茵戈德指出了数字时代需要的五种素养：专注力、参与力、合作力、对信息批判性接收的能力和互联网技巧。假如这样的素养不能够在社会中得到传播，那么我们就会被“不良信息的汪洋大海淹没”。看看今天的新媒体上，弥漫在我们周围的虚假信息、垃圾资讯、乱耳噪音和无聊瞎扯，这样的警告显得更加一针见血。

新媒体是工具而不是玩具；是途径而不是目的；是大众传播的新灯塔而不是一个哗众取宠和发牢骚的小喇叭。如同印刷术将欧洲带出中世纪一样，互联网的普及和新媒体兴起正将我们带到一个新的时代。这样的时代不仅需要技术和产品，更需要理性和智慧，需要承担责任，需要提升素养，需要塑造价值。

新媒体的价值归根结底是促进人的解放和发展，如果它分散了人的注意力，降低了人的判断力，消解了我们对未知世界的好奇心和求知欲，我们就该反思我们是否读懂了新媒体的说明书。（江邨）

（来源：《人民日报》2013年5月23日）

第十章

自觉接受媒体监督

权力是一柄“双刃剑”，可以为人类社会进步带来巨大利益，也会给社会民众造成深重灾难，通过媒体加强权力监督显得尤为重要。媒体监督是公众的知情权、表达权、参与权、监督权经由媒体传播而形成的客观效果。在建设民主政治进程中，各级领导干部要努力学会“在舆论监督中生存”，以适应政务公开、党务公开的时代潮流。领导干部必须不断了解媒体知识，善待媒体、善用媒体，不断增强社会舆论的引导能力，使宣传工作更好地体现时代性、把握规律性、富于创造性，更好地履行党和人民赋予的责任和使命。在舆论监督中，领导干部要正确认识媒体的作用，多从自身找问题，少批评媒体，创造更好的媒体监督环境，使媒体更好地发挥监督功能。

一、阳光是最好的防腐剂

人类社会的演进史表明，权力无论是作为政治上的强制力量，还是作为职权上的支配力量，都是一柄“双刃剑”：如果运用得当，它可以为人类社会进步带来巨大利益；如果运用不当、对权力的制约和监督缺失，则会给社会民众造成深重灾难。从积极角度看，权力的公共性、等级性、整合性、工具性、有限性等，确保了权力能够维护公共秩序，实现社会民众的公共利益。从消极角度看，权力的扩张性、干预性、支配性、诱惑性、腐蚀性等，又使不受制约和监督的权力极易蜕变为少数专断者谋取私利、损害公益的工具。

阳光具有除菌、消毒的功能，它能增强人体免疫力，让万物充满勃勃生机，是最好的防腐剂。让权力在阳光下运行，意味着权力公开、透明、公正、合理地行使，防止权力行使者滋长贪欲、越轨行权、腐败变质。

建立一个信息公开、政务透明的“阳光政府”是新时期我国政治体制改革的大势所趋、目标所向。现在，许多领导干部感觉工作压力加大，官不好当了，因为有无数双眼在盯着。很多领导干部改变了行为方式，更加自律，不敢随便越权，成了公众面前的“玻璃人”。监督和被监督的关系，从来没有像现在这样明显。舆论在形成后马上会形成巨大的作用力施加于决策和决策者，特别在一些重大事件、与民休戚相关的决策上更是如此。我们不禁要说：阳光是最好的权力防腐剂。

今天，媒体监督是发展社会主义民主的重要形式，充分尊重媒体的监督权，善于发挥媒体的监督作用，显得更加重要。在社会主义市场经济条件下，公民社会逐渐壮大，权力监督的形式和力量进一步多元化，新闻媒体责无旁贷。同时，在民主法制建设尚待完善之际，通过媒体加强权力监督，能给政府自身带来长远利益；在经济体制转轨日趋深化之际，通过媒体加强对领导干部的监督，能够预防和曝光形形色色的腐败现象，为政府提供预警和威慑。当然，媒体监督应该是反映党和政府愿望的监督，是代表人民利益的监督，是着眼改革、发展、稳定全局的监督；而不是反映记者个人感情的监督，不是代表某个团体利益的监督，不是热衷炒作、一味揭露的破坏性监督，更不是独立于党领导之外的第四种力量。所以，媒体监督必须是建设性监督、科学监督、依法监督。建设性监督，就是把监督的立足点放在解决问题、改进工作、化解矛盾上，出以公心、服务大局，遵守纪律；科学监督，就是尊重规律、事实准确、全面客观，不偏听偏信，不被情绪左右；依法监督，就是内容合法、手段合法、程序合法。

从一定意义上讲，媒体监督是公众的知情权、表达权、参与权、监督权经由媒体传播而形成的客观效果。“知情”是媒体监督的前提，“曝光”是媒体监督的关键，“监督”则是“曝光”之后因媒体的传播和受众的共鸣而形成的一种客观效果。“阳光是最好的防腐剂”，媒体监督的威力就在于通过媒体曝光将事件的真相及相关问题公之于众，让媒体的阳光驱散恣意的阴霾，让滋生腐败现象的霉菌难觅藏身之地。媒体监督的本质在于客观和公正地报道事件真相、揭露有关问题，通过“曝光”的形式来满足和维护公众的知情权、表达权、参与权、监督权。“曝光”是媒体的重要职责，媒体的真正使命就在于充分满足和维护知情权、表达权、参与权、监督权，确保一切公权力在阳光下健康运行。

资料链接

官员财产公开申报制度

官员财产公开申报制度起源于230年前的瑞典，有“阳光法案”、“终端反腐”之称。1883年，英国制定了世界上第一部有关财产申报的法律，1978年，美国颁布了《政府行为道德法》，正式确立了官员财产申报制度。官员财产公开申报制度迄今已在世界上90多个国家和地区生根开花，在亚洲的新加坡、韩国和中国香港、澳门地区，该制度对反腐败居功甚伟。

1994年，第八届全国人大常委会就将《财产申报法》正式列入立法规划。1995年4月20日，中共中央办公厅、国务院办公厅联合发布了《关于党政机关县（处）级以上领导干部收入申报的规定》。

2006年8月29日，中共中央召开政治局会议，研究党员领导干部个人有关事项的规定，《关于党员领导干部报告个人有关事项的规定》作为重要的党内法规将颁布实施。中国关于党员领导干部报告个人有关事项的规定，实质上就是借鉴、采纳世界上通行的“官员财产申报制度”。

新闻媒体既是党和政府的耳目喉舌，也是人民的耳目喉舌；既是社会的眼睛和良心，也是社会的预警雷达。监督既是新闻媒体拥有的重要权利，同时也是新闻媒体必须履行的重要职责，只有切实行使好监督职能，正确引导媒体导向，新闻媒体的“耳目喉舌”、“眼睛和良心”以及“预警雷达”的功能才能得到充分的发挥。现代社会是典型的媒体社会，媒体正在全方位地影响经济、政治、文化、社会等各方面，媒体监督应该成为国家政治生活的常态。在建设民主政治进程中，各级领导干部要努力学会“在舆论监督中生存”，以适应政务公开、党务公开的时代潮流。

十八大报告提出：“推进权力运行公开化、规范化，完善党务公开、政务公开、司法公开和各领域办事公开制度，健全质询、问责、经济责任审计、引咎辞职、罢免等制度，加强党内监督、民主监督、法律监督、舆论监督，让人民监督权力，让权力在阳光下运行。”舆论监督是人民行使监督权的直接方式，具有其他监督手段无可替代的作用。要加强和改进舆论监督，加快舆论监督的法治建设，建立健全舆论监督引导机制、纠错机制、反馈机制，提高舆论监督的针对性和实效性。各级领导干部要善待媒体、善用媒体、善管媒体，提高通过舆论监督发现问题、改进工作、密切党群关系的意识和能力。总之，要建立和完善权力监督体系，真正做到让人民监督权力，让权力在阳光下运行。

当然，媒体要围绕中心工作进行监督，在监督上做党和政府的参谋与助手。当政府的重大决策和事关全局性的工作推出之前，首先由媒体充当侦察兵，调查情况，提出各种意见，为决策提供参考；一经“司令部”作出决策，媒体组织大规模报道，犹如“炮兵”万炮齐发，为中心工作提供舆论支持；随后各党政部门推进落实，如同“步兵”冲锋陷阵占领阵地。这时，媒体还要如“督战队”一般紧随其后，进行检查监督。

二、从“爱恨交加”到理解善待

以前，不少地方领导干部在对待新闻媒体的态度上可谓是“爱恨交加”。所谓“爱”，总喜欢利用新闻媒体为形象工程“鸣锣开道”，为个人升迁“摇旗呐喊”，热衷于“报纸上有名，电视上有影，广播里有声，网络上有字”；所谓“恨”，一旦发生重大问题或突发事件等在媒体上被曝光、被炒作，不是下达“封口令”，就是摆起“鸿门宴”，以求“大事化小，小事化了”。殊不知，在经济全球化、信息网络化的今天，一味采取“堵、压、逃”甚至恐吓，往往适得其反，越抹越黑。

面对如潮般的信息流，面对日益专业化的新闻传播队伍，领导干部必须不断了解媒体知识，提高与媒体打交道的能力和技巧。而提高与媒体打交道的能力和技巧的首要一点，就是要理解媒体、善待记者。只有善待媒体、善用媒体，对媒体讲诚信，不欺骗媒体，才能不断加强和改进宣传工作，才能不断增强社会舆论的引导能力，使宣传工作更好地体现时代性、把握规律性、富于创造性，更好地履行党和人民赋予的责任和使命。

资料链接

电视问政打造舆论监督新平台

自2011年下半年以来，一批电视问政节目陆续在湖北、湖南、广东、河南等地火暴荧屏。例如，洛阳广播电视台综合频道直播了多场《百姓问政——洛阳市2012年重点突出问题集中整改电视问政活动》；武汉开展了以“十大突出问题整改”为主要内容的电视问政活动；湖北省5名厅级官员走进直播间，开始了“落实责任 强农惠农”电视问政节目的电视网络广播同步直播……这些节目以其鲜明的特点和无可比拟的贴近性引起了观众的关注和热议。

电视问政节目的设置是把官员置于被考问的位置，主持人毫不留情地抛出“麻辣”提问，暗访短片、热线电话、网络提问、群众现场提问交叉进行，反映的问题具体、真实。一方面，在各种形式的“问政”面前，官员们无疑都需要站在台前接受质询，官员在“问政”中的一举一动自然也受到各方的关注；另一方面，电视问政可以让市民代表以及专家学者近距离接触、感知官员，相互之间没有中间环节，沟通更流畅，聆听更直接，表达及理解也更准确。相比单一的电话问政或网络问政，电视问政无疑更加生动直观，观众范围更广，影响力也会更大。

“电视问政”可能会问出干部一身汗、一脸窘，但更会让他们看到问题、感知责任、激发动力，也会唤起百姓的参政议政热情，增进对政府工作的了解与理解，掀起干群的“头脑风暴”去破解难题。可见，公开和对话并不是洪水猛兽，政府部门应当放下思想包袱，敢于直面群众和问题，让“电视问政”这样的良性互动方式成为常态，推动突出问题的解决。

第一，要理解新闻及其功能。善待媒体的前提是正确地理解新闻的功能，遵循新闻工作的规律。特别是，理解新闻和宣传的联系与区别。过去，新闻和宣传是一回事，而现在，新闻所承担的社会功能进一步多元化，除了作为影响舆论的主渠道，新闻也兼顾市场、产业。新闻传播的方式方法也进一步多元化。具体说来，新闻和宣传既有“联系”又有“区别”。新闻与宣传的联系在于：两者都属于传播范围；宣传借助新闻；新闻脱胎于宣传。做得好的宣传，完全可以隐蔽在新闻里。以新闻面目出现的宣传，可能是最有效的宣传。新闻和宣传的区别在于：宣传重符号，新闻重信息；宣传重重复，新闻重新意；宣传重观点，新闻重事实；宣传重时宜，新闻重时效；宣传重操纵，新闻重沟通；宣传有重点，新闻讲平衡。因此，管理宣传和管理新闻是两码事。管宣传，必然要管新闻。但是如果我们仍然用过去管宣传的方法来管现在的新闻，那么肯定是刻舟求剑，一管就死，一放就乱。因此，各级领导干部应该深刻理解新闻所担负的新的功能，理解新闻和宣传的差别，认识当代新闻媒体的特点，在新闻工作中认真遵循新闻规律。

第二，热情接待、积极配合。记者的采访无论是表扬，还是批评，都应热情接待、积极配合。对于前者，很多领导干部往往做得很好，而对于后者，一些领导干部有极强的抵触情绪。其实，热情接待和积极配合在任何时候都是十分必要的，因为热情可以拉近距离，加深感情；配合可以促进合作，消除成见。遇到媒体的监督就采取漠视甚至对抗的态度，其结果，要么“被人牵着鼻子走”，要么“被动挨打”，导致双方关系越搞越僵，这对组织和领导的形象无疑都是不利的。

第三，打造亮点、搞好宣传，掌握舆论的主动权，不能守株待兔，坐等媒体上门，而应化被动为主动，主动与媒体进行沟通协调。对本地区、本部门工作的亮点要主动邀请媒体进行采访报道，以亮点打动媒体，摒弃片面理解“少说多做”、“为政不在言多”的思维窠臼，避免陷入“媒体一加入便会添乱”的“小巷思维”。要树立主动意识，当工作平稳推进、进展顺利时要全面宣传；在工作某一方面取得突破时要重点宣传，在瞬间形成舆论强势。要了解媒体的意图，知道媒体的关注点和兴奋点，不可泛泛地宣传，只有找准媒体的兴奋点，全力配合，才能最终促成互动双赢。

第四，提高对媒体“批评”的承受力。领导干部必须增强对媒体“批评”的承受力，学会尊重多元化的媒体言论、舆论评论，多换位思考，促使自身思想观念、工作方式的转变，变想方设法阻止媒体“批评”为思考媒体为什么会“批评”，认真总结自身工作，深入查找问题症结，让舆论监督成为推动工作、解决问题的一种新动力。

第五，增强对媒体记者的说服力。领导干部要用雄辩的事实说服媒体，尤其是面对媒体的挑刺、曝光和突发事件时，要深入一线，迅速了解情况。很多领导干部在接受记者采访时，就像参加会议作报告一样，通读文件，或者泛泛而谈、废话连篇，如此种种，均为缺乏技巧的表现。领导干部要经常总结自己的工作，提高对自身工作的表述能力，尤其是在遭遇突发事件时，更要及时主动地站出来表明政府的态度，掌握话语的主动权。要在第一时间让媒体知道发生了什么、自己正在做什么、下一步想做什么。

第六，在宽容中沟通歧见、赢得共识。现代社会的利益主体多元化，必然会有多种意见和观点的出现。政府和新闻媒体在反映这些意见和观点的时候，出现不一致是正常的，因为各自站的角度不同。关键是双方要在一个宽容的氛围中和法律的框架下，沟通歧见、赢得共识、达成良性互动。随着社会发展过程中信息越来越公开，新闻媒体和舆论监督将会起到越来越重要的作用。

第七，善待媒体，就要讲关心、重服务。广大媒体工作者长期夜以继日奔波在采访现场，奋笔于案头灯下，他们的敬业精神应当得到全社会的理解和尊重，应当得到各方面的关心和支持。各级党委、政府和领导干部要切实加强对媒体工作的领导，从政治上、工作上、生活上切实关心帮助媒体工作者，努力创造良好的工作、学习和生活条件，切实维护广大新闻工作者的合法权益。新闻工作者协会也应增强服务意识，加强行业管理，发挥独特优势，创新工作机制，真心实意地为媒体工作者办实事、做好事、解难事，发挥好党委、政府联系媒体和记者的桥梁和纽带作用。

三、少批评媒体，多检讨自己

领导干部与媒体的关系问题，本质上是政府与人民群众关系的一种体现。人民群众在信息传播渠道上的多元和自由，正是他们在社会生活中的多元与自由的一种表现形式。以媒体为载体的舆论监督，既是监督公共权力，遏制权力腐败的“利剑”，同时又堪称保障公民知情权、表达权、参与权、监督权的“盾牌”。

传播学认为，媒体在传播事实、报道新闻过程，会引起不同层次的人们的重视，从而形成社会舆论。而舆论在其酝酿和形成的过程中，会呈现出一种社会力量，这就是我们所知道的舆论力量。因此，西方一些国家将舆论监督视为独立于司法、行政、议会之外的代表公众力量的“第四种力量”。在中国，媒体也告别了计划经济时代的宣传定位，日益朝这个大方向趋近。各级领导干部必须要正确认识媒体的这种角色定位，对媒体有敬畏感，而不要动不动就伸出权力之手，横加指责，甚至粗暴干预。领导干部确实应该做到：少批评媒体，多检讨自己。

在信息化社会中，像计划经济时代那样让媒体完全按照政府指示办事的时代已经改变了。这对习惯了灌输意图、主导议题的各级领导干部来说，首先应该顺应时势，尊重新闻媒体的规律，重视媒体、善待媒体，尝试用传播理念和传播技巧去把握政府与媒体的关系，少批评媒体，多检讨自己。

资料链接

逯副局长的"质问"

河南郑州市须水镇西岗村原本被划拨为建设经济适用房的土地上，竟然被开发商建起了12幢连体别墅和两幢楼中楼。2009年6月中旬，中央人民广播电台记者赶赴郑州采访主管信访工作的市规划局副局长逯军时，这位副局长竟质问记者："你是准备替党说话，还是准备替老百姓说话？"此事一传播开来，"替谁说话"的逯军副局长便引来一片声讨。有的网民直接反问逯军副局长是在替谁说话，有的直指其党性原则不强，才说出如此带有明显政治错误倾向的话来，有网友评价："见过雷的，见过牛的，还真没见过雷死牛的。"

真正做到少批评媒体，多检讨自己，就应该弄清楚监督与批评的关系。监督和批评似乎是一对孪生儿，一提及媒体监督，一些领导干部无独有偶地联系到批评、揭黑，认为监督等于批评，批评就是监督。事实上，批评是监督的一种表现形式，而不是监督的定义项。批评报道是媒体监督中一项强有力的表现形式。但是，批评报道不是捕风捉影式的叙谈，应该以确凿的第一手事实材料为基石。

真正做到少批评媒体，多检讨自己，首先，要敢于面对媒体监督，不要有消极和抵触情绪，更不要为了顾全所谓的"大局"而颠倒黑白，结果置自己于更不利的境地；其次，必须加倍努力，做好本职工作，减少批评性报道的诱发因素，让媒体"无话可说"；再次，当报道失实和不全面时，应及时与媒体沟通，掌握主动权，以最快的速度来消除公众的误会。

四、创造更好的媒体监督环境

媒体监督需要环境，监督环境的好坏，直接关系到媒体相关作用的发挥、监督效果的好坏。正处于社会转型期的中国，无论是经济、政治、文化、环境，还是社会生活等其他诸多方面都在发生天翻地覆的变化。社会经济的高速发展、政治民主化进程的推进、公众受教育程度的提高、社会文化的发展等，都在影响着媒体。与此同时，媒体自身内部也涌动着一股“聚变”的态势。电视、报纸等传统媒体竞争日趋白热化，网络日益兴盛，手机报、手机电视、微博、微信等新媒体正以强劲的态势扑面而来。

媒体监督环境的作用主要表现在以下几个方面：其一，媒体监督环境决定了舆论制度。不同的国度有不同的舆论制度。在我国这样一个社会主义国家，人民是国家的主人，舆论制度的制定必然要着眼于为社会主义服务，坚持在党的领导下，把社会效益放在第一位，全心全意服务于人民群众，促进社会主义建设，促进和谐社会的建设。其二，媒体监督环境对媒体运行的方方面面具有一定的影响力。这主要受政治、文化以及社会价值观的影响，在一些涉及国际新闻的报道中体现得更为明显。其三，媒体监督环境还能影响到媒体的发展水平。众所周知，只有在一个民主、自由的国度里媒体才能迈开发展的步伐。

资料链接

新媒体已成反腐“排头兵”

2013 年，微信用户将呈爆发式增长，各企业、媒体将纷纷抢占这一“入口”，使这种“圈子传播”成为公众传播。这是中国社科院新闻与传播研究所发布的《中国新媒体发展报告蓝皮书（2013）》所做的预测。如今看来，这一预测已成为现实。该蓝皮书还指出，微博用户的主体是青少年学生。从统计看，20—29 岁的用户为 9050.8 万人，占 29.24%；月收入 5000 元以下的用户占 92.2%，其中无收入群体人数最多，达到 9183.5 万人。

蓝皮书认为，新媒体正成为主要的反腐倡廉事件的首次曝光媒介类型，首次曝光数量远大于传统媒介。中国社会科学院新闻与出版研究所副所长唐绪军介绍，蓝皮书对2010年到2012年这三年间反腐败的事件首发媒体进行了统计，将传统媒体跟新媒体进行比较，新媒体首发的反腐事件的数量在持续增加，依次为67件、58件和31件，三年合计156件。而首发于传统媒体的是78件，大概是一倍的关系。就具体的首次曝光媒体类型而言，2010—2012年的前三位依次为网络新闻、报纸和社区论坛。

媒体监督涉及很多方面，营造一个良好的媒体监督环境是一个系统工程。要在党和政府的主导下，依靠党和政府、媒体、领导干部、普通群众等各方面的共同努力，主要应该做好以下几个方面的工作：

第一，把握媒体监督的正确导向。新闻宣传必须坚持党性原则，坚持实事求是，把握正确的舆论导向，媒体监督也不例外，也要把握正确的导向。媒体监督的矛头应该对准那些滥用权力，以权谋私，损害国家和人民的利益的人和事。但是，有的媒体记者滥用监督权力，一味追求轰动效应，把目光盯在了名人、明星的隐私上，这不能不说是导向的偏离。媒体监督的原则应该是“公平、公正、公开”，使之利于接受群众的监督，从而实现媒体监督应有的功能。

第二，注重增强媒体监督的生命力。监督是媒体的社会责任，而其又以维护社会利益为表征。因此，媒体的监督必须以社会利益为指南针，表现在具体的行为上就是以持续的关注来促成社会利益的维护与实现。虽然，媒体监督的生命力和时间不成正比，但是，时间能有效地促进监督效果的实现。因为能达到效果的监督，必然是有力的监督，媒体监督要有力则需要新闻报道的深度，而深度来源于调查、来源于思考，调查、思考都需要作为前提保证。因此，面对一次完整而且成功的媒体监督，各级领导干部要引导公众给予持续的关注，形成一定的社会声音，最终促成问题的解决，达到社会公共利益的实现。

第三，提供学习机会。要站在提高党的执政能力的高度，把提高领导干部同媒体打交道的能力纳入干部学习和培训体系，采取组织党委中心组学习、办培训班和举行报告会、讲座、现场模拟等多种方式，帮助各级领导干部获得同媒体打交道的系统知识。与此同时，要采取走出去、请进来的方式，学习国内外政治人士同媒体打交道的成功经验和做法。要就提高领导干部同媒体打交道的能力开展研究，总结经验，探索规律，为领导干部提供具有实用性的研究成果。

第四，创造实践条件。各级党委政府要努力创造条件，帮助领导干部在实践中获得知识、积累经验、增强能力。为此，一要完善干部选拔机制，选拔领导干部要吸收媒体和公众参与评议，让选拔对象直接面对媒体、面向公众，并把是否具有同媒体打交道的能力作为选拔依据之一。二要强化民主决策机制，在制定法律法规和作出重大决策、部署重要工作期间，要求主管领导干部充分利用媒体发布信息，听取公众意见，实行民主科学决策。三要健全新闻发布机制，领导干部开展工作和处理问题时，一般情况下，要一面抓组织实施一面抓新闻宣传，一边做一边说。有的做了再说，有的说了再做，有的先做后说，有的先说后做，有的边做边说，从而为做好工作和解决问题创造良好的舆论环境。

第五，放宽话语环境。由于受传统文化和一些庸俗风气的影响，许多领导干部担心祸从口出、因言获咎，抱守言多必失、少说为佳的陈旧观念。要提高领导干部同媒体打交道的能力，就要鼓励领导干部克服不敢说的恐惧心理和不愿说的消极心理，做到敢说、愿说、会说、说好。为此，要提倡宽容失误。领导干部在媒体面前说了错话，属一般错误的要允许总结教训、逐步改进；属严重错误的要帮助立即纠正、挽回影响。无论小错大错，都要做到不抓辫子、不扣帽子、不打棍子、不装袋子，使领导干部从“宽容说错话”的环境里逐步达到“从不说错话”的境界。

第六，进行制度规范。媒体监督并非是“想怎么说就怎么说”，当今世界上没有一种新闻媒体能够“想说什么就说什么”，也没有一个国家具有这样的新闻自由。新闻开放，要靠制度和法律来固化，以此来积累社会进步。为此，各级党委政府都要建立自主新闻发布制度，定人定时定点发布新闻、公开信息；党委政府各部门也应该建立新闻发布和新闻发言人制度，根据工作需要随时发布新闻、公开信息。要使信息公开成为原则，不公开成为例外。对不按规定发布新闻、公开信息的责任人，要按照《中华人民共和国政府信息公开条例》进行依法追究。

第七，建立媒体监督的长效机制。新闻媒体监督要发挥积极作用，并使之成为一种长效机制。一是建立健全搜索机制，充分发挥舆论监督作用，及时收集舆情信息动态，提高掌握舆情的能力。二是建立健全分析机制，严格把握工作流程各个环节，不断改进处理问题的方式方法，做好衔接沟通工作，迅速处理相关问题。三是建立健全督办机制，加大对受理件的督办和督查力度，有效地解决批评性报道所反映的问题。四是建立健全考核机制，把对该项工作的处理情况纳入综合考评和群众满意度测评之中，奖优罚劣，提高各级领导的重视程度。还有一点，就是建设一支对党和人民的事业负责，具有高度的社会责任感的媒体监督工作者队伍。

第八，建立媒体监督的配合机制。一是媒体间的配合。有时仅依靠一家媒体的报道很难形成强大的社会舆论，这时，建立媒体间通力合作、相互配合的机制就很重要了。作为舆论源的每一家媒体，各有各的受众群，各有各的覆盖空间，而多家媒体参与监督就可以扩大舆论的覆盖面。多家媒体共同对某一问题进行关注，可以迅速增大舆论的广度、强度和质量。此外，媒体之间的相互配合可以增强他们之间的相互监督，大大降低了媒体监督被异化的可能性。二是其他监督形式的配合机制。除了媒体监督外，还有来自人大、政协、行政、社会团体、党内、法律、信访等方面的监督，这可以动员更多的社会力量参与，取得更强大的监督声势和能量；这些监督形式适时、适度地配合媒体监督，并通过媒体把自己的工作情况告诉公众，也是有益自身发展的。

总之，创造良好的媒体监督环境，就是要营造一个良好的气氛，建立一个良好的秩序，要有国法和党纪的保护和支持。严格依法办事，依法进行媒体监督。注意处理好情、理、法之间的关系。媒体监督一要坚持，二要改进。良好的媒体监督环境要靠大家共同创造和发展。

延伸阅读

软实力中媒体监督的作用

美国持续不衰的吸引力何在？是在其已经相对下降的硬实力吗？当然是，但是越来越多的人恐怕会同意，硬实力与软实力互为表里，缺一不可。国人已经从美国政治学家约瑟夫·奈那里接受了软实力的概念：“能让其他人做你想让他们做的事，我称之为软实力。它强调与人们合作而不是强迫人们服从你的意志。”根据中外学术界的理解，“在奈那里，软实力是一个要素集，包括影响力、说服力和吸引力，其核心要素是文化、意识形态和国际制度”；而“文化的变迁首先是外层的器物文化，其次是中层的制度文化，最后是内层的文化前提与基本价值、基本观念以及伦理规范”。

根据加拿大传播理论家马歇尔·麦克卢汉“媒介即讯息”的命题，媒介既传递信息，又制造信息，一国之大众传播媒介必然是其软实力的最大象征和传播者。媒体的公信力主要体现在其对国内问题和议题的报道与评论，特别是对政府和其他权力的监督。

美国媒体之强大，主要植根于它在美国国内所发挥的以“看门狗”的角色维护公共利益的常规功能，以及支撑它的政治、法律、社会、经济和文化环境。我们还不难发现，美国新闻界对国内问题的揭露和抨击是美国媒体优先关注的事务。实际上，真正关注国际事务的美国媒体并不多见，只有《纽约时报》、《华盛顿邮报》、《华尔街日报》、CNN 等少数高级报纸和电视机构才不惜工本致力于此。

美国人认为，自由和人权的主要内容便是言论自由和新闻自由。这反映出他们的一种根深蒂固的观念，尽管今天经常是以一种令外人不舒服甚至傲慢的“世界警察”方式表现出来。

“美国软实力之所以高居世界前列，对他国有如此强大的影响力、吸引力和说服力，其核心就在于政治文化的强烈影响力。”与主流政治文化一脉相承，美国新闻媒体的思想体系由以下四个信条构成：新闻媒介摆脱外界干涉，摆脱来自政府、来自广告商甚至来自公众的干涉；新闻媒介为实现“公众的知情权”服务；新闻媒介探求真相，反映真相；新闻媒介客观公正地报道事实。

美国新闻媒体通过宪法保护，在批评和监督政府方面享有世界各国少见的权利，反过来，除非在战争时期和涉及国防机密，政府钳制新闻自由的手段几乎被剥夺。这方面的法律对政府的限制和对新闻界的赋权包括：政府不得办报纸为自己宣传造势，政府绝大多数信息必须公开，政府官员不得拒绝媒体采访，政府作为法人不享有名誉权，有影响的政府官员被列为公共官员和公共人物，除非对方存在实际恶意，否则不得起诉媒体侵犯名誉权。这样，媒体在监督和批评政府时少有顾忌，即便事实上有出入，通常也不会受到法律制裁。

美国新闻界一向认为，优先关注天灾人祸和具体地揭露一个个社会腐败行为是它们的基本使命，否则普利策所说的审视“不测风云和暗礁险滩，及时发出警告”的职责便无从行使。私有私营媒体的商业逻辑，也强化了揭露社会阴暗面的竞争。商业逻辑造成了部分媒体的媚俗倾向，但是，不能否认美国新闻界主流价值观中符合新闻规律的一面。（展江）

（来源：《中国改革》2012 年第 11 期）